통합인격리더십

박균열 지음

책머리에

우리 시대 진정한 리더십은 있는가? 모두들 리더라고 자처한다.

한 때 리더였던 사람은 계속해서 자신의 알량한 '전관'(前官)의 지위를 행세하려고 한다거나 한때 자신의 부하였다가 나중에 상급자가 되면 마음으로 복종하지 않는 등의 잘못된 리더십이 판을 친다.

본서는 진정한 리더십을 급박한 상황을 염두에 두고 생성된 군사적 리더십에서 그 해법을 탐구하고자 한다. 10년도 전에 본서의 골격을 만들어두고 더 이상 고민하지 않고 있다가 시대적 상황을 염두에 두고서 이제 출판하고자 한다. 본서는 저자의 국방대학교 안보문제연구소 기초학술과제에 의한 선행 연구보고서와 이를 기초로 한 후속 논문들을 토대로 하고 있다.*

---

* 허남성 · 박균열, "전사를 통해 본 리더십 연구: '통합된 인격'(integrated character)을 중심으로", 제정관 외, 『군 직업주의와 리더십』, 국방대학교 안보문제연구소, 2003, pp.161-288. 이 중 일부를 발췌하여, 다음의 논문과 책자에 포함된 적이 있다. 박균열, "충무공 이순신의 리더십 연구", 『국방정책연구』 제67호, 2005 봄호, pp.147-176; 박균열, "제7장 충무공 이순신의 지도자윤리", 『국가윤리교육론』, 철학과현실사, 2005, pp.258-299.

본서는 전사에 나타난 리더십관련 연구의 방법론적 대안을 모색하고, 그 방법론에 입각하여 전사 속에서 리더십을 잘 발휘한 영웅들(충무공 이순신, 칭기스칸, 나폴레옹)을 선정하여 평가해보았다.

우선 연구방법론적인 대안으로 3경(經) · 3위(緯)의 모델을 상정하였다. 리더십에 있어서의 '경'(經)이란, 말 그대로 리더십의 '날줄'에 해당되는 것으로써 리더로서 겸비해야 할 제반 구조적 틀이다. 여기에는 기왕의 연구에서 주로 논의되어졌던 리더십 개념인 '통솔자정신'(leadership), 리더이면서도 부하 된 도리를 말하는 '부하정신'(followership), 그리고 리더이면서도 동료와의 관계를 규정하는 '동료의식'(fellowship)이 있다. 이 개념은 리더십의 가장 근간이라고 할 수 있는 '날줄'이라고 할 수 있다. 한편 리더십의 '위'(緯)란 리더십에 있어서의 '씨줄'에 대당된다. 즉 리더십의 내용적인 요소이다. 여기에는 '지적인 요소', '정의적인 요소' 그리고 '행동적인 요소'가 포함된다.

이러한 리더십 연구의 방법론적 대안적 틀을 토대로, 전사 속의 세 인물에 대해 평점을 부여해 보았다. 그 결과 충무공 이순신(100), 칭기스칸(91.7), 나폴레옹(88.3)의 순으로 나타났다.

본서에서 상정한 위의 3위 · 3경의 모델은 리더십에 대한 분석에 있어서 매우 유용함을 알 수 있었다. 다만 '부하정신'은 제왕이자 군 최고사령관의 경우에는 적용하는 데 상당히 어려운 점이 있음을 느꼈다.

왜냐하면 계서조직 속에서의 경험이 거의 없거나 절대적으로 부족해서, 연구의 대상이 될 만한 화제가 빈약하기 때문이다. 하지만 향후 리더십의 발현과정에서는 그와 같은 경우가 거의 발생하지 않을 것으로 보아, 대안적 틀로서의 자격은 충분하다고 본다.

과거의 특정한 역사적 사실(史實)을 다룸에 있어서, 과거에 천착하는 것은 현실에 대한 정확한 문제제기의 부족에서 비롯된 것이며, 한편 미래에 천착하는 것은 현실에 대한 책임회피라고 생각한다. 우리가 오늘을 살고 있는 한, 과거도 미래도 오늘인 것이다. 과거와 미래는 우리의 회상과 낭만적인 꿈(dream), 그리고 고도의 직관(intuition)을 통해서 오늘의 것으로 될 수 있다. 즉 오늘에 충실한 역사적 소명이 필요한 것이다. 결국 과거의 오늘이 모여서 현재가 되었고, 현재의 오늘이 모여서 미래가 되는 것이다.

본서는 전사 및 리더십에 관련한 향후 연구와 현재의 병영관리 등의 분야에 있어서 몇 가지 시사점을 제시해준다. 1) 전쟁과 평화에 대한 올바른 사고를 가질 수 있도록 교육해야 할 것이다. 2) 현재 우리나라 군사사 및 전쟁사 연구에 있어서 연구자들의 인식의 전환이 필요하다. 3) 전사 및 리더십에 있어서 '비문자적'(signifiant, 기표) 교훈에 대한 관심을 가져야 하겠다. 4) 군 간부들에 대한 전사연구의 관심도를 제고해야 할 것이다. 5) 우리 선조들 중 특히 문관(文官)들의 국방사상에 대해 심층 연구가 필요하다. 6) 유명한 영웅의 주변 인물들에 대한 관심을 제고해야 하겠다. 7) 진중놀이에 있어서, 임무완수와 직접 연계된 프로그램을 많이 개발해야 한다. 8) 해외파병시 분야별 전문가를 (사전 또는 동시에) 파견하여, 그 전쟁과 우리나라와의 관계 등에 대해 체계적인 연구를 할 수 있도록 해야 할 것이다.

본서는 향후 통합적 인격에 기반한 리더십을 이해하는 데 조금이나

마 도움이 되기를 기대한다. 군사적 리더십이외에도 다양한 분야에 적용될 수 있을 것으로 생각된다. 군 내부적으로는 정신교육을 위한 간부교육과 병사교육에 참고 될 점이 있다고 본다. 또한 군 간부의 경우 인터넷 접속이 제한되는 경우가 많기 때문에, 주요 인명이나 옛 직위 등에 대해 인터넷 사전을 참조하여 각주로 달아두었다.

끝으로 저자가 국방대학교에서 재직할 무렵 물심양면으로 배려해주신 허남성 교수님께 우선해서 감사의 말씀을 드린다. 육군 정훈장교 대선배님이신 원태재 박사님께도 학문적으로 진 빚이 많아 이 자리를 빌려 감사드린다. 또한 이번에도 저자의 까다로운 요구를 잘 수용하면서 좋은 책을 만들어준 21세기사에 감사드린다.

2015년 7월

뻐꾸기 소리가 잦아드는 한여름

진주 가좌골에서 박균열

목차

제1장

새로운 리더십 연구를 시작하며

본서는 전사에 나타난 리더십에 대한 연구로써, 그 방법론적 대안을 모색하고, 그 방법론에 입각하여 전사 속의 영웅들을 분석하는 것을 그 목적으로 하고 있다.

전통적으로 전쟁연구의 중요성은 일찍이 로마시대의 『군사론』(De Rei Militari)을 저술한 베게티우스(Flavius Vegetius Renatus, ?~AD375)가 "평화를 원하거든 전쟁을 준비하라"고 한 데에서 강조된 바 있다. 오늘날에 이르러서는 현대 전쟁의 제문제를 체계적으로 연구하여 까레흐(René Carrère)와 함께 저술한 『전쟁론』(Le défi de la Guerre, 1740～1974)의 저자 부똘(Gaston Bouthoul, 1896～1980)이 베게티우스의 언급을 현대적으로 표현한 "만일에 그대가 평화를 원하거든, 전쟁을 먼저 알고 이해하라"는 권고를 한 바 있다.[1] 동양에서도 『무경칠서』(武經七書) 중의 하나인 『손자병법』(孫子兵法) 「시계」

---

1 Gaston Bouthoul & René Carrère, *Le défi de la Guerre: 1740~1974*, PUF, Paris, 1976.

(始計)편에서 "전쟁은 국가의 대사이고 국가의 생사와 존망이 달려있는 문제이므로, 소홀히 해서는 안된다"는 대목이 있으며, 「모공」(謀攻)편에서는 "싸우지 않고도 적을 온전히 굴복시키는 것이 최선의 방책"이라고 말하고 있다.

현재까지 우리는 혹여 평화를 지킨다는 명분으로 전쟁준비에만 전전하지 않았는지, 그리고 싸우지 않고 이기는 방법을 도모하는 것보다 "싸워서 이긴다"는 정신을 강요하지는 않았는지 생각해봐야 할 것 같다. 왜냐하면 이러한 근본적인 질문은 전쟁 및 평화, 그리고 그 도발과 유지의 과정에서 취하게 되는 태도와 연계되어 있기 때문이다. 여기서 저자는 평화를 지키기 위해 전쟁을 준비하는 입장이 아니라, 평화문화를 정착시키기 위해 전쟁을 제대로 '이해'하는 입장을 전제한다. 그리하여 전쟁을 국가사회적인 문화의 일부로 바라보고자 하는 것이다. 이와 같은 연장선상에 전쟁은 군인에 의해서만 이루어지는 것이 아니며, 같은 논리로 군인은 전쟁을 수행하기 위해 소위 '총만 잘 쏘는 존재'가 아니라, 거시적인 문화맥락을 읽을 수 있어야 하는 입장을 지지한다.

이러한 전쟁과 평화에 대한 기본적인 시각을 바탕으로, 그 가장 핵심적인 관건인 리더(통솔자)에 초점을 두고자 한다. 사실 군 조직에서의 리더(통솔자)는 전쟁의 승패를 좌우하는 중요한 요소이다. 따라서 리더가 갖추어야 할 덕목이 무엇이며, 역사상의 전쟁 사례를 통해 볼 때 어떤 리더가 진정한 리더십을 발휘했는지를 살펴보는 것은 매우 의미있는 작업이라고 본다.

이러한 연구를 진행하는 데는 몇 가지 극복해야 할 난제가 있다. 우선은 이 분야 연구에 있어서의 선행연구의 방법론적인 한계이다. 대체로 지금까지의 전사에 있어서의 리더십관련 연구 경향은 여러 가지 점에서 한계를 갖고 있다. 우선 텍스트로서의 전쟁에 대해 승전사(勝戰史)를 중심으로 살펴보는 경향이 있으며, 둘째, 지휘·통솔 및 복종의 관계에 있어서 항상 지휘하는 입장만을 우선시 하는 경향, 셋째, 공간사(公刊史, official history) 중심으로 살펴보는 경향, 넷째, 과거와 현재를 단절하고서 '과거의 어떤 물건을 뚝 떼어내어 현재에 교훈을 가져오는' 경향, 다섯째, 사료로서의 전쟁사와 군사사의 구분에 있어서, 군사사에 초점을 더 많이 두고 있는 경향, 끝으로 군사사에 대한 통찰력이 부족한 경향이 있다.

다음으로 현대 리더십 연구에 있어서의 양적인 방만함과 질적인 비체계성을 꼽을 수 있다. 현재 우리나라에서는 리더십이라고 하는 용어가 매우 다의적으로 사용되고 있다. 그리고 그 종류도 다양하다. 아마도 복잡 다양한 사회의 요구에 부응하기 위한 것으로 보인다. 이러한 요구는 분야별로 많이 원용되어지고 있다. 그 종류로 보면, '교사리더십', 'CEO리더십', '히딩크리더십', '이슈리더십', '칼러리더십', '팀리더십', '수퍼리더십', '변혁적 리더십', '임파워먼트리더십' 그리고 '예수리더십' 등과 같이 교육, 기업, 체육, 주제별, 심지어 종교별로 다양하다. 그런데도 '리더십'이라고 하는 말 자체에 대해 진지하게 천착하여 생각해보려고 하지 않는 경향이 있다.

여기서는 'leadership'이라는 영어단어는 다른 용어로도 사용되는데, 그 예로 통솔자정신, 지휘통솔력, 지휘통제력, 지휘술, 상관으로서의 덕(德), 장군의 도(道), 장교정신, 간부정신 등을 생각해 볼 수 있다. 이와 같이 실제로 우리 현실에 적용하기 위해 진지한 고민을 하면서, 그 용어 자체에 대해서 새로운 시각을 갖고 우리말로 옮겨보려고 하면, 원래 영어단어가 갖고 있음직한 '리더'가 갖추어야 할 '가치 · 태도'가 어렴풋이 드러나고 있음을 느낄 수 있다.

또한 우리는 지나치게 '리더'로서 갖추어야 할 가치 · 태도에 천착하다보니, '자신보다 더 높은 리더' 앞에서의 부하정신(followership)이나 동료의식(fellow ship)과 같은 입체적인 가치 · 태도를 갖추는데는 게을리 한 경향이 많았다. 우리가 어떤 사물을 정의(define)할 때, "그것은 어떤 것 옆에 있다"라고 하면 본원적인 정의라고 할 수 없듯이, 마찬가지로 진정한 리더십도 이러한 위상적 요건을 구비해야 하는 것이다. 이것이 본 연구의 모멘트이다.

이와 같은 입체적인 리더십을 이론화 한 것이 바로 3경 · 3위 모델인 것이다. 3경이란 앞서 말한 리더십에 있어서의 구조, 즉 통솔자정신, 부하정신, 동료의식을 말한다. 3위란 이러한 구조를 바탕으로 한 리더십의 내용적 요소를 말한다.

즉 3위란 현재 초 · 중등학교 「도덕 · 윤리과」 교육에서 원용되어지고 있는 '통합된 인격'으로서의 지식 · 감정 · 행동 요소를 말하는 것이다.

본서는 이렇게 하여 설정된 이론적 모형과 그 내용체계를 토대로, 역사상 중요인물들(충무공 이순신, 칭기스칸, 나폴레옹)을 선정하고, 이들이 어떻게 진정한 리더십을 발휘했는지를 살펴보고자 하는데 그 목적을 둔다. 그 대상인물은 동서양의 지리적·시대적 균형을 여러 기준을 참고하여 저자가 주관적으로 선정하였다.

제2장

리더십 연구의 현주소

1. 승전사(勝戰史) 중심

패배는 성공과 비교하면 동전의 양면과도 같다. 전투를 벌이는 양편 모두가 성공적인(successful) 경우도 있을 수 있다. 예를 들어, 적을 지연시키는 임무를 받은 부대는 영토를 빼앗기고도 자신의 임무를 수행할 수 있을 것이며, 공격하는 부대의 임무가 영토를 점유하는 것이라며, 그들 또한 임무를 완수했다고 볼 수 있다.[2]

전쟁의 패배에 대한 이러한 다의성으로 인해, 패배했다고 하면 무조건 작전실패자의 낙인을 찍고, 더 이상 존립의 가치가 없는 군대와 군인으로 매도 되어서는 안된다. 이러한 분위기는 동서양을 막론하고, 전사에 있어서 리더십발현의 좋지 못한 조건이라고 본다.

전쟁에서의 패인은 다음 〈표 1〉과 같이 크게 세 가지 범주로 구분된다.

---

2 T. N. Dupuy, 최종호 · 정길현 역, 『패전분석』, 삼우사, 2000, p.17.

<〈표 1〉 전쟁의 패인과 지휘관의 입장

구 분	내 용
지휘관이 제어할 수 없는 불리한 상황	• 압도적인 병력의 열세 -병력의 수적 열세 -기갑부대의 열세 -화력지원의 열세: 공중지원, 포병지원 • 불리한 환경 -기상 -지형 -도로/ 병참선: 적의 요새 지대, 기술의 열세, 불운
지휘관이 어느 정도 영향을 미칠 수 있는 불리한 상황	• 전투에 대한 사전 준비의 소홀 • 열등한 자질의 부대 -부대원의 자질 -훈련/전투 경험 -교리 • 사기 저하 • 부대 및 지휘관의 피로 • 사상자 수 • 예하부대의 실수/ 실패
지휘 결함	• 지휘결함 • 지도력의 결여: 오판, 임무의 혼동, 나약한 의지력 • 부적절한 지휘 -정찰/ 정보 부족 -불완전한 계획 -전술적 결함 -군수지원의 결함 -통신 두절

출처: Dupuy(2000: 83-84)

위의 〈표 1〉에서 보는 바와 같이, 우선 어떤 지휘관이 이 상황에 처하더라도 더 이상의 승리를 가져올 수 없는 객관적으로 엄연히 불리한 상황을 말한다. 둘째, 지휘관의 책임이 어느 정도 있는 상황으로써, 사전에 미리 예측하고 대비를 했다면 방지할 수도 있는 상황을 말한다. 여기서는 지휘관의 책임이 어느 정도 있다고 하겠다. 셋째, 지휘관 자신의 잘못에서 순전히 빚어진 전투패배의 경우를 말한다.

따라서 전사를 연구함에 있어서 항상 승리한 요인을 분석하여 다음의 승리를 위한 대비와 세부계획을 수립하는 식의 접근은 그 나름대로의 효율성도 있겠지만, 어쩔 수 없는 상황에서의 최선의 지휘노력에 대해서도 새롭게 조명이 필요하다고 하겠다.

2. 리더중심의 리더십 천착

기존의 전사연구에 있어서 리더에 관한 언급은 초기에는 지휘관(장군)에 국한하여 다루어졌다. 이와 같은 리더중심의 리더십 경향은 다음 〈표 2〉에서 보는 바와 같이, 우리 군의 교범에 나타난 리더십에 대한 정의를 보면 그 실상을 어느 정도 알 수 있을 것이다.

하지만 공동체 내에서의 특정 개체는 늘 다른 개체들과의 관계(relation) 속에서 규정되어진다. 즉 가정공동체를 놓고 볼 때, 그 가정의 가장이기도 하면서, 아버지이기도 하고, 아들이기도 하며, 형이기도 하고, 동생이 될 수도 있는 것이다. 군 공동체에서도 한 중대에서의 1소대장은 그 중대장의 부하이기도 하면서, 2소대장의 동료이기도 하고 1소대원들의 지휘자이기도 한 것이다.

현재 우리 군의 지휘통솔에 대한 관심과 연구는 항상 과거에 특정한 리더의 위치에 있었다거나 현재 리더인 사람들에 초점을 두고 이루어지고 있는 실정이다. 따라서 제대로 된 그 위상에 걸맞는 군대의 리더가 되기 위해서는 복합적인 관계를 고려하여 진행되어야 할 필요가 있다.

〈표 2〉 우리나라 군 교범에서의 리더십관련 정의

군 별	정 의
육 군 (1993)	• 지휘통솔이란 부대의 목표를 보다 효율적으로 달성하기 위하여 부하를 강화시켜 모든 노력을 부대목표에 집중시키는 기술이다. • 지휘관이 자기에게 부여된 책임과 권한을 바탕으로 부대의 목표를 효율적으로 달성하기 위하여 예하부대 및 부하의 능력을 극대화하도록 부하를 강화시키고, 나아가 모든 노력을 부대목표에 집중시키는 기술이다.
육 군 (2003)	• 지휘통솔은 지휘관이 부여된 책임과 권한을 바탕으로 부대의 목표를 보다 효과적으로 달성하기 위하여 예하부대 및 부하에게 목적 및 방향제시 동기부여를 통하여 모든 노력을 부대목표에 집중시키는 활동 및 과정이다. • 지휘관은 지휘통솔을 통해 유·무형 전투력 발휘를 극대화하여 전승을 보장하여야 하며, 성공적인 지휘통솔을 위해서 도덕성, 필승의 신념, 전문적 능력을 구비하여야 한다.
해 군	리더십이란 어떤 주어진 상황 속에서도 목표를 달성하기 위해 개인 또는 집단의 활동에 영향을 미치는 과정이다.
공 군	지휘통솔이란 남에게 영향을 주어 자기가 원하는 방향으로 자발적으로 움직이게 하는 행위, 즉 부하들로 하여금 지휘관을 존경하고, 신뢰하고, 복종하게 해서 부하로부터 충성스러운 협조심을 불러일으키게 하는 기술이다.

출처: 육군본부(1993; 2003); 해군대학(1996); 공군대학(1996) 참조.

3. 공간사 중심

공간사는 한 공동체에 대한 모든 역사를 가장 사실에 가깝게 기술한 역사이다. 그런데 모든 사물에 대한 시각이 다 다르듯이 역사도 하나의 실체이기 때문에 보는 사람마다의 시각이 다르다.

하나의 사실로써 공증된 것이라고 하더라도 다른 각도에서 해석이 얼마든지 가능하기 때문이다.

영국의 군사사학자 키건(John Keegan)은 참모업무 분석식의 군사사가 흔히 내포하기 쉬운 과도한 단순화 현상을 다음과 같이 예리하게 지적하고 있다.

> 공간사는 너무나 압축적이거나 교훈적인 면에 치중하여 때로는 필요하다면 사실을 왜곡시켜서라도 전투를 7-8가지의 양상의 하나로 규정하는 경우가 있다. 예를 들자면 전투를 기동의 방식 또는 작전의 성격에 따라 조우전, 소모전, 포위전, 돌파전, 섬멸전 등으로 일방적으로 규정하는 경우가 있는데, 이는 사람들이 대부분의 전쟁에 대해서 7-9개의 전쟁원칙을 정하여 이것을 졸속하게 적용하는 것과 같이 극히 위험하다. 예를 들면 B.C. 216년의 Cannae 전투[3]와 1914년의 Tannenberg

---

3 칸나이 전투는 제2차 포에니 전쟁 중인 기원전 216년에 이탈리아 중부 아프리아 지방의 칸나이 평원에서 로마 공화정 군과 카르타고군 사이에 벌어진 전투이다. 이 전투에서 한니발이 지휘하는 카르타고군은 완벽한 포위 작전으로 로마군을

전투[4]가 각각 양익포위에 의한 전투이기 때문에 동일한 종류의 전투라고 쉽게 단정해서는 안된다. 2000년이나 떨어진 기간 차에서 전투의 과정이 지도상 거의 동일한 표시로 이루어졌다 하여도 Hannibal의 카르타고 군대나 Hindenburg의 독일 군대가 어떤 보편적인 전쟁논리를 따랐다고 설득되기는 어려울 것이다. 왜냐하면 비록 기동 방식이 거의 비슷하게 이루어졌더라도 무기, 장비, 병참, 사기, 조직, 전략사상 등 지도상에 나타낼 수 없는 많은 요인들은 2000년의 시간차에서 엄청나게 다르다는 점을 유의해야 할 것이다.[5]

전멸시켰다. 이후 현대에도 포위섬멸전의 교본으로 남아 군사학교에서 중요하게 다뤄지고 있다. (위키백과, 2015.6.26. 검색)

4 타넨베르크 전투는 제1차 세계대전 초에 동프로이센 남부의 소부락 타넨베르크(폴란드 스텡바르크)의 동쪽에서 독일과 러시아 사이에 일어났던 전쟁이다. 전전(戰前)에 독일 참모본부가 세운 대러시아 · 프랑스 양면작전 계획에서는 우선 처음에 주력함으로써 서방 프랑스군을 격파하고 그 후 동방으로 돌아서 러시아군과 격전을 벌이기로 되어 있었다(슐리펜플랜). 따라서 1914년 8월의 개전 당초, 동부방위의 독일 제8군은 침입해오는 러시아군과의 격전을 회피하였다. 그런데 참모본부는 돌연 이 계획을 수정하여 8월 22일 힌덴부르크 대장과 루덴도르프 소장을 각각 제8군사령관과 참모장으로 임명하고 서부전선 병력의 일부를 빼내어서 교묘한 작전으로 러시아군을 포위하여 26일 공격을 개시, 30일에 이를 완전 섬멸하였다. 포로는 9만이나 되었다. 전술사상 고대 칸나이전투와 더불어 포위섬멸전의 전형으로서 일컬어진다. 그러나 서부전선의 병력을 빼낸 일은 후일 이 방면의 전국에 커다란 영향을 미치게 하였다. (네이버 지식백과, 2015.6.26. 검색)

5 John Keegan, The Face of Battle, New York: The Viking Press, 1976, pp.22-23.

우리나라의 전사·군사 연구에서는 키건이 경계하고 있는 바를 쉽게 발견할 수가 있다. 국방부 '군사편찬연구소'에서 간행하고 있는 연구산물들은 우리나라의 전쟁사 및 군사사 분야에서 매우 의미있는 것들 중의 몇 가지들인데, 이러한 연구산물들은 한결같이 공간사 중심의 연구이다.[6] 사실상 매번 새롭게 편년사 수준의 역사서를 계속해서 만들어내고 있는 형국이다. 이 연구 중에서 가장 돋보이는 연구산물은 『북한군사관계사료집』(2001)과 『태극무공훈장에 빛나는 6.25전쟁영웅』(2003)이다. 이 연구는 기존의 공간사 위주의 연구 추세 속에서도 의미있는 발전을 보여준 사례이다. 특히 전자는 6.25 전쟁 기간 중에 북한군의 전투명령지와 북한군 병사의 수첩을 근거로 하여 연구가 이루어졌는데, 거대담론 위주의 연구조류 속에서도 작은 것에 많은 관심을 가진 진일보의 예라고 할 수 있다.[7]

---

6 최근 몇 년간의 연구결과들을 살펴보면, 2001년에는 『국방편년사』, 『북한군사관계사료집』(6.25전쟁 북한군 전투명령, 6.25전쟁 북한군 병사수첩), 『한국전쟁사 수정자료집』 등이 출간되었고, 2002년에는 『한민족역대파병사』, 『한미군사관계사』, 『한국전쟁자료총서』, 『조선후기 국토방위전략』, 『러시아의 한반도 군사관계사』, 『6.25전쟁과 채병덕 장군』, 『배호부대유격전사』 등이 출간되었으며, 2003년에는 『태극무공훈장에 빛나는 6.25전쟁영웅』가 출간되었다. 그리고 지속적으로 이어오고 있는 시리즈물로는 『군사』와 『전사』, 그리고 『군사사연구총서』등이 출간되고 있다.

7 이러한 여건 속에서도 돋보이는 개인 연구결과물들도 있다. 한명숙, "군 복식의 기호학적 분석: 구한말기의 육군복을 중심으로", 『복식문화연구』3(1), 복식문화

4. 현재와 유리된 '연구를 위한 연구'

우리가 '현재 바로 여기'(now and here) 존재하고 있음은 모든 것의 출발점이다. 내가 바로 여기에 있지 않다면 과거와 미래, 그리고 동시의 다른 모든 존재가 아무런 의미가 없다.

철학적 탐구에서는 시간적 흐름을 인간의 '체험적 시간'(Erlebniszeit)으로 파악하고, 과거 · 현재 · 미래의 관계 속에서 오직 비연장적 '지금'이 있을 뿐이지 과거와 미래란 있을 수 없다는 입장이 있다.

> 인간에게 시간의 장단과 농담(濃淡)은 거의 심리적으로 결정된다고 해도 과언이 아니다. 심리적 시간이란 주관적 체험시간이다. …… 체험시간의 입장에서 말하면, 진정한 시간은 손목에 차고 다니는 시계가 아니라, 삶의 시간이다. 체험시간에서는 모든 사람에게 균일한 절대적 시간이란 있을 수 없고, 각자의 체험 내용과 각자의 인생 행로가 있는 각자의 시간이 있을 뿐이다. ……우리는 시간의 세 양상으로서 과거 · 현재 · 미래를 구별한다. 그러나 그것도 엄밀하게 말하면 이 체험시간을 전제하고서, 그리고 체험시간에서만 가능한 것이다. 객관적 시간에

학회, 1995; 정해은, "조선후기 무과방목에 나타난 급제자의 전력기재양상", 『고문서연구』27, 한국고문서학회, 2005; 정해은, "병자호란기 군공면천인의 무과급제와 신분변화: 『정축정시문무과방목』(1637년)을 중심으로", 『조선시대사학보』9, 조선시대사학회, 1999.

서는 오직 비연장적 '지금'이 있을 뿐 과거와 미래란 있을 수 없기 때문이다. 즉 과거와 미래란 지금에는 없고 우리의 의식인 기억과 기대를 통해서만 있게 되는 것이다. 시간에 대한 인간의 의식이 없다면 시간 자체가 애당초 있을 수 없다. 따라서 체험시간은 객관시간의 근원인 것이다. 그리스 이후 서구의 철학자들 특히 아우구스티누스와 후설, 베르그송, 그리고 하이데거가 시간의 근원을 이 시간에 대한 의식, 즉 의식시간(체험시간)에서 찾는 이유가 여기에 있다.[8]

역사에 있어서도 이러한 사고는 그대로 적용되어질 수 있다고 본다. 즉 '과거'와 '역사'는 별개라고 하는 역사학계의 흔한 말이 여기에 해당된다고 본다. 따라서 역사란 지나간 과거의 편린들을 모아서 연구하는 것이 아니라, 현재에 어떤 의미를 던져 주는 과거의 그것들을 찾아나서는 작업이라고 본다.

이러한 사고는 많은 역사학자들의 연구에서 다음 〈표 3〉과 같이 이미 제시되고 있다.

8 소광희, 『시간의 철학적 성찰』, 문예출판사, 2001, pp.165-166.

〈표 3〉 현재를 중시하는 역사에 대한 제정의

출 처	내 용
R. G. Collingwood (1946: 9)	역사는 일종의 조사 혹은 연구이다.
Benedetto Croce (1955)	모든 역사는 현대사이다.
G. J. Renier (1950)	역사는 더도 덜도 아닌 바로 이야기이다. 다시 말하자면 문명사회 속에서 살고 있는 인간 경험의 얘기이다.
Marc Bloch (1953: 47)	역사는 시간 속에 존재하는 인간의 과학이다.
E. H. Carr (1961: 24)	역사란 역사가와 사실 사이의 계속적인 상호작용이며 현재와 과거사이의 끊임없는 대화이다.
G. R. Elton (1967: 24)	역사는 과거에 발생하여 현재에까지 남겨진 모든 인간의 언어 · 사상 · 행위 및 공포와 관계를 갖는 것이다. 그리고 이는 발생과 변화와 특성이란 관점에서 취급된다.
J. H. Plumb (1969: 16)	역사는 과거가 아니다.
杜維運 (1999)	과거의 사실이 사가의 주목을 받는다는 것은 사가의 현재적 관심과 불가분의 관계에 있다는 뜻이다.

특히 대만의 역사학자인 두유운(杜維運)은 과거의 사실(史實)을 선택함에 있어서 고려해야 할 표준을 제시하면서, 그 중 하나로 '현상연원(現狀淵源)의 표준'을 다음과 같이 제시한 바 있다.

> 과거의 사실이 사가의 주목을 받는다는 것은 사가의 현재적 관심과 불가분의 관계에 있다. 사가는 그의 현재를 뛰어 넘어서 과거를 위해 과거를 연구하려고 기도하지만, 현재로부터 결정적 영향을 받는다.
>
> 선택한다는 것은 현재와 관계있는 사실 그리고 현재인이 흥미를 갖

는 사실 및 현재의 문제를 풀 수 있는 사실의 선택이며, 이는 역사를 쓰는 중에 자기도 모르는 사이에 형성된다. 역사는 끊임없이 새로 씌어 지며 매 시대의 사가는 구역사의 폐허 중에서 빛나는 새 역사를 재건한다. 시대가 변하니 사가가 자료를 선택하는 각도가 변하게 되어 역사는 변하지 않을 수 없다. 그러므로 역사는 순수한 과거가 아니고 현재적인 요소가 내재하고 있다.[9]

이와 같이 현재에 많은 관심을 두고 역사적 접근을 하는 조류를 미시사(microstoria) 또는 신문화사(new cultural history)라고 한다. 이는 그동안 20세기의 역사학적 흐름을 주도해 왔던 '거시'와 '경제 · 사회'라는 키워드에 대한 도전으로 읽힌다. 기왕의 역사 연구 경향을 단순화시키자면, 개념적으로는 역사적 거대 구조의 탐색에 초점을 맞추면서 사회과학적 분석과 계량을 중시하는 방법이라고 할 수 있다. 마르크스주의 역사학, 독일의 사회구조사, 프랑스 아날학파[10]의 전체사 등이

9 杜維運, 권중달 역, 『역사학연구방법론』, 일조각, 1999, p.34.

10 아날학파란 1929년 프랑스의 역사학자인 L.페브르와 M.블로크에 의해 창간된 『사회경제사 연보』(1946년에는 '아날 · 경제 · 사회 · 문명'으로, 1994년에는 다시 '아날 · 역사와 사회과학'으로 제명 변경)를 중심으로 형성된 학파이다. 랑케의 사실주의에 토대를 둔 근대 역사학은 역사철학이나 낭만주의적 역사서술의 굴레로부터 벗어나기는 하였으나, 사료의 정확성에 지나치게 집착함으로써 역사학의 폭과 깊이를 축소시키는, 그 부정적 측면을 노출하여, 결국 인문사회과학의 세계에서 자료제공자의 위치로 전락하고 말았다. 이러한 역사학의 위기 상황에서, 프랑스에서는 뒤르껭의 사회학, 비달 드 라 블라슈(Vidal de Blache)의

이데올로기나 이론의 편차에도 불구하고 대체로 이러한 흐름을 대표하는 세력들이었다. 이에 반해 미시문화사는 사회적 · 경제적 행위들을 넓은 의미에서의 문화적 텍스트로 간주하면서, 구체적 개인이란 창을 통해 역사적 리얼리티의 복잡 미묘한 관계망을 이해하고자 하는 시도라고 할 수 있다.[11]

따라서 일반적인 역사뿐만 아니라 군사사 연구에 있어서 연구 자체를 수행하기 위해 과거의 특정 한 시점에 머물러 있는 '무기' 자체만을 분석해 내기 위해서 몇 년을 허송한다는 것은 매우 어리석은 행동이라고 본다. 그 당시의 여러 가지의 정황으로 고려해 볼 때, 그와 같은 무기체계가 어떤 의미를 갖느냐를 우선 탐구해야 할 것이고, 그것이 오늘날에는 어떤 의미로 다가오는지를 살펴보아야 제대로 된 연구가 되었다고 할 수 있을 것이다.

인문지리, 철학자인 H. 베르의 역사적 종합 등이 인문사회과학을 주도하는 가운데, F. 시미앙이 제기한 '역사가들의 3가지 우상(정치 · 개인 · 연대)'에 대한 논박, 그리고 이러한 도전에 대한 역사가로서의 수용은 새로운 역사학의 형태를 결정지었다. 정치보다는 사회, 개인보다는 집단, 연대보다는 구조를 역사인식의 기본 골격으로 삼아야 한다는 것이 이 학파의 정신이 된 것이다. (네이버 지식백과, 2015.6.26. 검색)

11 곽차섭 편, 『미시사란 무엇인가』, 푸른역사, 2000, pp.13-14.

5. '전쟁사' 대비 군사사 중시 경향

전쟁사(또는 전사)는 전쟁과 관련된 역사를 말하며, 군사사(또는 軍史)란 군과 관련된 일들에 대한 역사를 말한다. 그런데 대부분의 학자들이 전쟁사와 군사사의 관계에 있어서 후자가 전자를 포함하는 것으로 생각하고 있다.[12] 즉 전쟁은 전쟁 당사국간의 무력충돌 행위 자체를 의미하는데 비하여 군사(軍事)는 전쟁이 그 핵심 요소이지만 평시의 전쟁 준비상태까지를 포함하기 때문에, 군사의 범위에는 전쟁 외에 군사제도, 군사사상, 교육훈련 등이 포함되는 것으로 알려져 있다.

이러한 생각은 '군사학'(military affairs science)의 학문적 성격에 대한 정의에서부터 비롯된다. 한 군사사학자의 연구를 보면, 군사관련 전반적인 학문과의 관계 속에서의 군사사를 전쟁사의 상위개념으로 생각하고 있다. 그 구체적인 내용은 다음 〈표 4〉와 같다.

---

12 정토웅, "군사사와 미국의 학계", 전사편찬연구소, 『군사』 제2호, 1981a; 정토웅, "군사사의 개념정립을 위한 연구", 군사평론 제211호, 1981b; 이종학, "현대군사사의 연구방향", 『군사』 제3호, 국방부 전사편찬연구소, 1981, pp.10-59.

〈표 4〉 군사사에 대한 분류

	내 용
전쟁사	국가전략(전쟁지표), 군사전략, 전술, 지휘·통솔, 군수 등
제도사·기술사	교리, 편제, 군사제도, 동원, 교육훈련, 장비개발, 조사연구, 군사위생
국방사·군대사	국가전략(전쟁준비), 민군관계, 군비관리, 평화시책, 분쟁처리 등
군사적 사료편찬	군사관련 사료 편찬

출처: 이종학(1981: 17)

그런데 전쟁은 평화의 반대개념으로서, 기본적으로 평화, 안정, 질서 등과 같은 광의의 반전쟁의 개념까지도 연계되어 있으므로 더 넓은 의미를 가지는 것 같기도 하다. 그리고 학문분야에 있어서도 이 단계에서는 군대의 개념이 논의되지 않을 수도 있는 것이다.

군대가 아닌 평화보존, 확보노력이 충분히 가능할 수도 있기 때문이다. 현실적인 차선책으로 군대가 있는 것임을 잊어서는 안될 것이다. 적어도 이 단계에서부터 군대가 개념이 있기 때문에 군대 또는 군사의 개념은 의미가 있는 것이고, 그에 대한 역사도 의미가 있는 것이다.

이와 같이 전쟁사보다 군사사가 더 광의의 뜻으로 사용되어져야 한다는 몇 가지 이유가 있는데, 그 중에는 군에서 전쟁사를 연구한다고 하면, 군대가 호전적인 집단으로 오해받을 수도 있다는 이유, 군대내의 여러 기능 중에서 전쟁을 수행하는 것도 있고 그렇지 않은 분야도 많이 있다는 이유 등이 있다.

많은 학자들은 전쟁과 군사의 두 개념의 우선논의와는 별개로, 전쟁내지 군사적 사안 자체가 배우 복합적이라는 데는 대체로 공감하고 있다. 즉 전쟁사이든 군사사이든 그것은 전쟁과 군사문제에 대한 역사학적 접근을 하는 한 분야인 동시에 그에 관계되는 정치, 경제, 사회, 문화, 이념적 제반요인과의 상호작용을 대상으로 하는 역사학의 한 분야로 정의된다.[13]

일견 큰 차이가 없어 보이는 전쟁과 군사의 두 개념의 관계는 기존의 논의와는 반대로 전쟁에 더 큰 비중이 주어져야 한다. 전쟁은 적대적인 국간의 무력충돌을 의미한다. 하지만 그 전쟁을 이끌어 가는 최고 통수권자는 우선 군인이 아닐 개연성이 높을 뿐만 아니라, 그 전쟁에 동원되는 많은 사람들 중에서는 군인이 아닌 사람들도 많이 있다. 그리고 이 전쟁 수행에 있어서 주요한 기능을 수행하게 되는 무력행사를 군대가 전담해서 하게 되는 것이다.

---

13 이와 관련된 선행연구로는 다음 참조: W. Millis, *Military History*, Washington D.C., American Historical Association Service Center for Teachers, 1961; M. Matloff, ed., *American Military History*, Rev. ed., Army Historical Series, Washington D.C.: U.S. Government Printing Office, 1973; J. E. Jessup, Jr. & R. W. Coakley, eds., A Guide to the Study and Use of Military History, Washington D. C., U.S. Government Printing Office, 1979; J. Keegan, 『세계전쟁사』, 1996: 특히 Keegan(1996)은 자신의 책자 서문에서 "전쟁은 문화적 행위(cultural activity)"라고 정의하고, 전쟁을 단순한 군사적 다툼행위로 생각하지 않고, 다양한 문화의 맥락 속에서 이해하려고 했다.

따라서 전쟁을 위한 군사적 행동이 뒤따르게 되는 것이다.

이와 같이 전쟁사를 군사사의 상위개념으로 보는 사고는 건전한 민군관계(civil-military relations)를 위해 자연스러운 전제가 될 수 있으며, 더 나아가서는 포괄적 안보(comprehensive security) 개념에도 잘 부합된다고 할 수 있다. 또한 전쟁에 상위의 지위를 부여하는 것은 그 개념의 반대격(格)에 해당되는 '평화'에 대해서도 보다 풍부한 논의를 할 수 있는 바탕이 될 수 있다.

6. 군사(軍史)관련 통찰력 부족

역사에 대한 통찰력이 있어야 한다. 진정한 사가(史家)라면 '행간을 읽는다'고 하는 말이 있듯이 옆의 사람이 관찰할 수 없는 것을 관찰해 낼 수 있어야 한다.[14] 흘러간 과거의 모든 것을 사실 그대로 이해하기 위해서는 그 흘러간 모든 시간과 그에 따른 장소만큼이 필요할 것이다. 사실상 이는 불가능하다. 따라서 역사에 대한 통찰력을 갖고 눈에 나타난 모든 현상을 적당히 취사선택해야 한다.[15] 조금도 선택하지 않는다는 것은 불가능하다.[16]

하지만 이러한 통찰력은 비단 역사학에 있어서만 적용되는 것은 아니다. 우리나라의 일반적인 학문적 자세에 대한 비판이라고 할 수 있을 것이다. 현재 군대내 군사사학자들은 자신들 이외의 사람들이 역사학을 제대로 하지 않은 사람들이라고 비난하기도 한다. 그러나 사실 이 문제는 학문 자체의 성격문제라기보다는 학자 개개인의 학문적 자세의 차이로 보는 것이 마땅할 것으로 본다. 왜냐하면 역사학은 분과학문이라기보다는 모든 학문을 위한 방법론이라고 할 수

---

14 梁啓超, 『中國歷史硏究法補編』, 商務印書館, 民國22年, p.20, 杜維運, 앞의 책, 1999, p.26 재인용.

15 L. B. Namier, *Avenues of History*, 1952, p.8.

16 R. G. Collingwood, *The Idea of History*, 1946, p.236.

있기 때문이다. 철학을 '학문의 학문'이라고 한다면, 역사학은 '학문의 역사'라고 할 수 있는 것이다. 곧 학문을 제대로 하기 위한 학문은 철학이라고 할 수 있고, 학문에 이르는 길은 역사라고 할 수 있다. 예를 들어 미술학에도 미술사가 있고, 음악학에도 음악사가 있으며, 체육학에서도 체육사가 있다. 이렇듯 모든 학문에 대한 시간적인 흐름을 염두에 두고 이루어지는 연구에는 역사학이 동원되는 것이다.

따라서 군사사 또는 전쟁사라고 할 때의 학문분과는 주제의 학문이므로, 모든 학문전공자들 중에서 시간적 흐름을 갖고 군사 및 전쟁분야를 연구한 학자들에게는 모두 자격이 부여된 것이라고 할 수 있는 것이다. 이와 같이 학문 자체가 갖는 정통성으로 인해 연구의 질적 수준이 결정되는 것이 아니라, 군사 및 전사에 대한 진지한 고민과 통찰력을 갖고 연구를 수행하는 것이 필요할 것이다. 이것은 바로 기어츠(Clifford Geertz)가 문화기술에 있어서의 말하고 있는 "진지한 기술"(thick description)을 말하는 것이다.[17]

이와 같은 '진지한 설명'은 하나도 빠짐없이 이야기하는 것이 아니라, 아무리 사소한 것일지라도 그 단서로부터 전체를 투영할 수 있어야 한다. 이러한 접근의 구체적인 한 예로 몽고메리(Bernard Law

17 Clifford Geertz, "Thick Description", in *The Interpretation of Cultures*, New York, 1973.

Montgomery, 1877~1976) 장군의 『전쟁의 역사』(1-2권)(1996)를 꼽을 수 있다. 여기서 몽고메리 장군은 야전군인으로서 전쟁 및 군대와 관련 서양의 거의 모든 역사서를 섭렵하고, 자신만의 전쟁철학을 수립했다. 본서는 웬만한 사학자도 기술하기가 힘들 정도로 매우 엄격하게 기술되었다. 이러한 대작은 군과 전쟁에 대한 깊은 통찰이 전제되었기 때문에 가능했을 것이라고 본다. 즉 군사에 대한 통찰력을 갖고 연구한다는 뜻은 방법론이라기보다는 애착의 정도를 말하는 것으로써, 보다 진지한 연구 자세가 필요하다고 본다.

제3장

통합인격리더십: 3경 · 3위 모델

1. 3경·3위의 개념 및 상호관계

우리가 흔히 무슨 잘못된 일을 했을 때, '경위서'(經緯書)를 작성해서 제출하게 된다. 이 말은 어떤 사건의 처음부터 끝까지, 일어나 모든 상황을 진술한 기록이라는 뜻이다. 원래 이 말은 베를 짤 때, 맨 먼저 설치해 둔 '날줄'을 '경'이라고 하고, 베틀을 왔다 갔다 하면서 뿌려주는 실을 '씨줄' 즉 '위'라고 했던 것이다. 이 '경'과 '위'라고 하는 낱말의 쓰임새는 국가의 위치를 명명할 때, '경도'와 '위도'라는 표현 속에서도 사용되어지고 있다. 그리고 유학에서도 가장 기본이 되는 책자를 '경서'(經書)라고 하며, 이를 보충해 주는 책자를 '위서'(緯書)라고 한다.

다음 〈표 5〉는 경 · 위의 구분에 의한 리더십에 대한 개괄적인 내용이다.

〈표 5〉 리더십에 대한 분석모델로서의 경·위의 개념 및 관련성

	역할	체용론	정기론	내 용	관계	중점 교육기관
3경(經)	날줄(구조)	체(體)	정(正)	통솔자정신(leadership), 부하정신(followership), 동료의식(fellowship)	수직적	양성교육기관 (기본/핵심)
3위(緯)	씨줄(내용)	용(用)	기(奇)	지적(知的) 영역, 정의적(情意的) 영역, 행동적(行動的) 영역	수평적	보수교육기관 (변화/응용)

위의 〈표 5〉에서 보는 바와 같이, 리더십에 있어서의 '경'(經)이란, 말 그대로 리더십의 '날줄'에 해당되는 것으로써 리더로서 겸비해야 할 제반 구조적 틀이다. 그런데 이 말 속에는 여러 가지 중층적 의미가 함축되어 있다. 즉 소대장이 소대 내에서 갖추어야 할 소대장으로서의 역할뿐만이 아니라, 중대장의 부하로서, 인접 소대장의 동료로서 어떻게 행해야 하는지에 대해서도 동시에 중요시해야 한다는 점이다.

따라서 기왕에 다루어진 리더십 관련 내용은 훌륭한 리더 개인에 천착한 '자기 정체성'(identity) 향상에 많은 비중을 두었다. 이제 '부하 된 도리'와 '동료와의 관계'를 원만히 하는 것을 동시에 강조해야 할 것이다. 이를 리더십의 3경이라고 말할 수 있다. 즉 리더십의 가장 근간이라고 할 수 있는 '날줄'인 것이다.

한편 리더십의 '위'(緯)란 리더십에 있어서의 '씨줄'에 대당된다. 즉 리더십의 내용적인 요소를 말한다. 리더십의 바탕이 되는 '씨줄'

을 토대로 해서, 리더십의 소프트웨어에 해당되는 '위'를 잘 쌓아간다면 명실상부한 리더십이 될 수 있다. 따라서 리더십에서의 '위'라고 하는 개념은 관계 속에서의 자질이라기보다는 정태적인 상태 속의 정체성 내지 자질이라고 할 수 있다.

2. 리더십의 구조: 3경

기존의 리더십 논의는 오직 리더로서 요구되는 역량만을 주로 다루었다. 본 연구에서는 이와 같은 리더가 갖는 구조적인 위상 확대를 전제하고, 리더가 갖추어야 할 다음 세 가지의 구조적 역량을 상정하였는데, 통솔자정신, 부하정신, 그리고 동료의식을 중심으로 살펴보고자 한다.

가. 통솔자 정신

여기서 말하는 '통솔자 정신'이란 기존에 우리가 흔히 사용해 왔던 '리더십'이라는 용어와 등치시킬 수 있는 단어이다. 다만 여기서는 일반적인 고위직에 있는 중간단계의 책임자들을 말하는 것이 아니라 '계층적 단위조직' 내에서의 모든 '통솔자'들이 견지해야 할 정신을 말한다.[18]

---

18 여기서 말하는 '계층적 조직'이란 위계로 볼 때, 계층적 위계를 가진 조직을 말하는 것이다. 즉 대부분의 대규모 조직은 최상부 계층(전략적), 중간계층(조직적), 그리고 하부계층(생산직 또는 행동지향)의 세 가지 계층으로 대략적인 구분을 한다. 첫째, 최상위 계층의 리더는 범세계적 차원으로 범위가 넓어져 가고 있는 전략적 환경에서 그들 조직의 전략적 운용에 책임이 있다. 이 전략적이라는 개념은 넓은 범위와 영역의 의미가 함축되어 있다. 따라서 전략적 리더십은

계층마다의 이러한 리더십 형태는 다음 〈표 6〉에서 보는 바와 같다.

〈표 6〉 계층별 통솔자 정신의 형태

	고급계층 (전략적 차원)	중간계층 (조직적 차원)	하부계층 (직접적 차원)
비전	비전의 수립	계획의 수립	계획의 집행
팀웍	통합적 구조와 목적	상호 연관성의 계획	팀웍의 수행
가치관	문화중심과 가치관의 탐색	지휘분위기 설정	가치관에 대한 모형과 장려
정보	개념에 기초한 정보시스템	엔지니어 정보시스템	정보의 적용과 전파

출처: US NDU ICAF(2000: 82)

대규모 조직에서 장기적인 방향에 대한 책임을 가지고 관련된 자원의 위임을 통하여, 중요관련 부서들과 공유된 합의의 바탕위에 자발적이고 힘 있는 지원을 얻어내는 절차이다. 둘째, 중간계층의 리더는 단기 또는 중기의 계획, 절차 및 하위계층에서 사용하는 계획, 순서 그리고 절차의 수립에 대한 책임을 가진다. 또한 중간계층의 리더는 계층에서의 능력을 고려한 임무의 우선순위 선정과 주요자원의 할당에 대한 책임이 있다. 셋째, 하부계층의 리더는 업무수행에 대한 책임이 있다. 그들은 행동지향적이다. 고위계층의 리더와 비교할 때 그들의 결정, 절차, 그리고 목표달성이 될 수 있는 혁신의 정도에 자유재량이 많지 않다. 하위계층에서는 행동의 일관성이 중요하기 때문에 창의적인 리더십의 발휘보다는 현장에 맞도록 한다. US NDU ICAF, 국방대학교 역, 『전략적 리더십과 의사결정』, 2000, pp.80-81.

통솔자를 중심으로 볼 때, 위의 〈표 6〉과 같이 계층의 특성에 따라 층위별로 구분이 된다. 하지만 항상 그 통솔자가 그 자리에 정체되어 있는 것도 아닐 뿐만 아니라, 정태적인 특면에서 볼 때도 차상층부, 차차상층부의 의도를 잘 알고, 또한 그러한 기품으로 자신이 장(長)으로 있는 조직을 잘 이끌어 갈 것이다.

통솔자를 중심으로 한 리더십의 개념에 대해서는 대체로 동양의 고전 속에서 많은 흔적을 찾아볼 수 있다.

우선 중국의 고전 중 『무경칠서』(武經七書) 속에 나타난 장수상은 다음 〈표 7〉, 〈표 8〉과 같이 요약된다.

〈표 7〉 중국의 『무경칠서』속에 나타난 장수의 도(1)

전거	편명	세부내용
『孫子兵法』	「始計」	• 전쟁승패 결정의 5사(事): 도(道), 천(天), 지(地), 장(將), 법(法) -장수의 도리(將): 지(智), 신(信), 인(仁), 용(勇), 엄(嚴) • 군 운용의 7계(計): 군주의 도, 장수의 능력, 천시와 지리, 법령, 병력의 강성, 장병교육훈련, 신상필벌
『吳起兵法』	論將	• 장수의 5가지 심득사항 -이(理): 많은 부하를 다스림이 소수를 다스리는 것과 같이 해야 한다. -비(備): 일단 성문을 나서면 하시라도 싸울 수 있는 준비를 갖추고 있어야 한다. -과(果): 적가 대진함에 필사의 각오를 해야 한다. -계(戒): 비록 싸움에 이기더라도 전쟁 전의 긴장감을 잃지 않아야 한다. -약(約): 형식적인 규정을 폐하여 군령을 간결하게 해야 한다.
『六韜』	龍韜	• 5재(五材): 용(勇), 지(智), 인(仁), 신(信), 충(忠) • 10과(十過) -용맹이 지나쳐 전사하는 것을 가볍게 보는 자

전거	편명	세부내용
		-성미가 급해서 당장 결판을 내려는 자 -탐욕스러워 자기의 이익에만 집착하는 자 -마음이 어질어서 적병이라도 죽이지 못하는 자 -지모는 있으되 겁쟁이인 자 -신의는 있으되 가리지 않고 누구든지 신임하는 자 -청렴결백하지만 도량이 좁아서 남을 사랑하지 않는 자 -지모는 뛰어나지만 게으른 자 -강직해서 고집 세고 자기의 능력만을 최선이라고 생각하는 자 -나약해서 스스로 난국에 대결하지 않고 남에게 내맡기는 자 • 장수선발기준 -질문을 던져서 그의 대답이 어느 정도 자세하고 조리가 있는가를 본다. -토론을 통하여 추궁해서 그 대응하는 능력을 살핀다. -그에게 첩자를 미행시켜 그 성실성을 확인한다. -공개적으로 질문하여 그 품성과 덕을 살핀다. -돈을 취급하는 직책을 맡겨 그 청렴도를 살핀다. -여색을 시험하여 그 곧고 맑은 정도를 관찰한다. -어려운 일이 일어났음을 알려서 용기가 있는지를 시험한다. -술을 과음케 하여 그 태도를 관찰한다.
『三略』	上略	• 장수의 예절 -우물이 완성될 때까지 목마르다는 말을 입 밖에 내서는 안된다. -숙영지가 마련되기 전에 피곤하다고 말해서는 안된다. -식사준비가 끝나기 전에 배고프다고 말해서는 안된다. -겨울에 가죽옷을 입어서는 안된다. -여름에 부채를 들어서는 안된다. -비가 와도 우산을 사용해서는 안된다. • 장수의 계략 -비밀이 유지되어야 한다. -병사들은 일치단결하게 해야 한다. -공격은 신속하게 해야 한다.

출처: 국방부전사편찬위원회(1987a); 육군본부(1987)를 토대로 요약.

〈표 8〉 중국의 『무경칠서』속에 나타난 장수의 도(2)

전거	편명	세 부 내 용
『司馬法』	仁本	• 군정(軍政)의 요체: 예(禮), 인(仁), 신(信), 의(義), 용(勇), 지(智)
	定爵	• 칠정(七政): 인재의 등용, 정도에 입각한 통솔, 유창한 언변, 기예의 활용, 화공법, 수공법, 병기의 운용 • 사수(四守): 용감히 싸워 공을 세운 자에게 주는 영광/이익, 죽음을 두려워하여 패퇴하는 자에게 내리는 치욕/사형
『尉繚兵法』	戰威	• 장수의 솔선수범 방법 -땡볕에서 차양을 치지 않는다. -엄동설한에 자기만 옷을 두텁게 입지 않는다. -험한 길에서는 차에서 내려 병졸과 같이 걸어가자. -숙영지의 우물이 완성되더라도 병사가 마신 뒤에 물을 마신다. -병사들이 식사를 하기 전에는 식사를 하지 않는다. -진지가 완성되기 전에는 휴식을 취하지 않으며, -언제나 고락을 병사와 함께 한다.
	十二陵	• 장수의 전승 12원칙 -위엄은 명령의 불변으로 확립된다. -은혜는 시기적절해야 효과를 얻는다. -기략(機略)으로 정세의 변화에 즉응해야 한다. -작전지도는 사기의 교묘한 조종에서 이루어진다. -공격은 적의 의표를 찔러야 한다. -방어는 바깥 모양을 갖추어 허점이 노출되어서는 안된다. -셈(수리)에 밝아 과실이 없어야 한다. -사전대비가 있어야 곤경에 처하지 않는다. -사소한 일에도 주의를 게을리 하지 말고 신중해야 한다. -대사를 다스리는 지혜를 가져야 한다. -과단성있게 자신의 약점을 극복해야 한다. -겸허한 마음으로 민심을 얻어야 한다. • 장수가 경계해야 할 12원칙 -후회는 우유부단으로부터 생긴다. -화는 무고한 목숨의 학살로 초래된다. -사심이 많으면 공정성을 잃는다. -자신에 대한 비판에 귀를 기울이지 않는 데서 불상사가 일어난다. -수탈하면 민력이 고갈된다.

전거	편명	세 부 내 용
		-중상모략에 귀를 기울여 명석한 판단력을 잃는다. -부하가 명령에 불복종하는 것은 명령을 함부로 내리는 데서 비롯된다. -시야가 좁은 것은 현인을 멀리하기 때문이다. -사리사욕에 눈이 어두워 화를 불러들인다. -소인배를 가까이 하여 해를 입는다. -나라의 멸망은 방위를 소홀히 하는 데서 비롯된다. -위험은 명령이 제대로 실행되지 않는 데서 초래된다.
『李衛公問對』	中篇	• 장수 병법교육시 유의사항: 기(奇)와 정(正)이 서로 변화하는 방법을 가르친 다음에야 허(虛)와 실(實)의 형세를 가르칠 수 있다. • 장수의 위엄: 장수된 자는 군사들에게 먼저 사랑을 베풀어 친숙해진 뒤에 잘못이 있으면 엄하게 다스려야 한다. 만일 군사들에게 먼저 승을 베풀지 않고 형벌만 준엄하게 시행한다면, 제대로 군을 통솔하여 성공을 거두기는 어려울 것이다.

출처: 국방부전사편찬위원회(1987a); 육군본부(1987)를 토대로 요약.

중국 고전 중에서 『무경칠서』에는 포함되지는 않지만, 그에 버금가는 저작이 있다. 사실은 무경칠서의 중요내용을 요약하고, 자신의 경험을 토대로 가감하여 만든 것이 『제갈량심서』(諸葛亮心書)이다. 그 내용을 정리하면 다음 〈표 9〉, 〈표 10〉과 같다.

〈표 9〉『제갈량심서』에 나타난 장수의 도(1)

	편명	세 부 내 용
인물 감별법	知人	• 시비를 물어서 그 뜻을 관찰한다. • 궁지에 몰렸을 때 그 변명을 듣고 변화 있음을 알 수 있다. • 그를 창졸지간에 꾀어서 그 계략과 지식을 알 수 있다(咨之以計謀而

	편명	세부내용
		觀其識). ● 환난을 당했을 때 용기를 볼 수 있다. ● 술을 취하게 한 후 그 심성의 됨됨이를 알 수 있다.
장수의 재능	將才	● 인장(仁將): 덕으로써 통솔하고 예절로써 통제하며, 허기와 추위를 함께 나누고 노고를 살핀다. ● 의장(義將): 어떤 일에나 책임을 회피하지 않으며 자신의 이익을 쫓지 않고, 명예를 위해서는 죽음도 무릅쓰지만 욕된 삶을 꾀하지 않는다. ● 예장(禮將): 지위가 높다고 해서 교만하지 않고, 적에 이겼다고 해서 자랑하지 않으며, 현명하나 겸손하고, 강직하지만 참을성이 있다. ● 지장(智將): 기략(奇略)이 종횡무진하고, 어떤 상황에도 적절히 대응하며, 전화위복하며, 위기에 처해도 능히 승리한다. ● 신장(信將): 진퇴에 신상필벌하고, 시상을 뒤로 미루지 아니하며, 처벌함에 신분의 고하를 가리지 않는다. ● 보장(步將): 군마보다 빨리 달리고, 투지가 천명의 병사보다 더 떨치고, 국경의 수비를 견고히 하고 검술과 창술에 능란하다. ● 기장(騎將): 험준한 지형을 힘들이지 않고 극복하며, 말을 달리면서 활쏘는 솜씨가 매우 뛰어나며, 진격할 때에는 선봉이 되고 후퇴할 때에는 후위를 맡는다. ● 맹장(猛將): 선두에 서서 전군의 용기를 북돋우며, 아무리 강한 적일지라도 겁내지 않고, 소규모의 전투에는 오히려 조심하지만 적의 대군을 만나면 용약한다. ● 대장(大將): 유능한 인재를 만나면 겸손할 줄 알고, 충고에는 서슴없이 귀를 기울인다. 관대하면서도 강직하고, 용감하면서도 지략이 풍부하다.
장수의 도량	將器	● 10명의 지휘관: 간사한 자를 가려내고 위기를 사전에 살피고 부하를 복종시킬 수 있다. ● 100명의 지휘관: 아침 일찍부터 밤늦게까지 군무에 정진하고 말을 신중하게 한다. ● 1,000명의 지휘관: 강직하면서도 깊이 생각하는 바가 있고, 용감해서 투지가 왕성하다. ● 10,000명의 지휘관: 외모에 위험이 넘치고 내심의 투혼이 불같고, 그러면서도 부하의 노고를 파악하고 허기와 추위를 같이한다. ● 100,000명의 지휘관: 유능한 인재를 등용하고 매일같이 스스로 수양을 게을리 하지 않는다. 신의가 두텁고 관대하며 치란에 마음이 흔들리

	편명	세 부 내 용
		지 않는다. • 만천하의 지휘관: 부하에게 어진 사랑을 고루 펴고 신의로써 주변국가를 복속시키며, 천문과 인사와 지리에 통달해 있어서 모든 사람으로부터 존경과 흠모를 받는다.

출처: 제갈량(1977); 육군본부(1987)를 토대로 요약.

〈표 10〉『제갈량심서』에 나타난 장수의 도(2)

	편명	세 부 내 용
장수의 나쁜 습성	將弊	• 탐욕함이 끝이 없는 것 • 유능한 사람을 시기하는 것 • 중상모략에 귀를 기울이고 아부하는 자를 가까이 하는 것 • 적을 평가할 줄은 알아도 자신을 반성할 줄은 모르는 것 • 우유부단하여 스스로 결단을 내리지 못하는 것 • 주색에 빠지는 것 • 간사하면서도 내심 겁쟁인 것 • 말만 그럴 듯하게 하고 진실된 마음이 없는 것
장수의 포부	將志	군대는 사람을 죽이는 흉기이다. 장수란 그 흉기를 관리할 막중한 책임이 있다. 그러므로 군대가 강하기만 하면 결함이 있고 책임이 무거우면 위태롭다. 그래서 유능한 장수는 군대가 제아무리 강력하더라도 이것만을 믿거나 그 세력에만 의지해서는 안된다. 군주로부터 총애를 받더라도 기뻐 날뛰지 않으며, 적으로부터 욕설을 듣더라도 동요해서는 안된다. 이익을 보더라도 탐내지 않으며, 미색과 미주와 미식을 보더라도 빠지지 않는다. 장수는 오로지 신명을 다하여 나라에 충성한다는 일념만을 가져야 한다.
훌륭한 장수	善將	• 5선(五善) -적의 형세를 정확하게 파악한다. -진퇴의 판단을 정확하게 한다. -국력의 허실을 정확하게 파악한다. -천시를 알고 인사(人事)를 정확하게 파악한다.

	편명	세 부 내 용
		-지형을 정확하게 파악한다. • 4욕(四欲) -적의 의표를 찌르도록 힘쓴다. -계측의 비익에 힘쓴다. -부하에 대한 통제를 힘쓴다. -전군의 일치단결에 힘쓴다.
장수의 필수자질 및 결격조건	將强	• 5강(五强)-필수자질: 高節, 孝悌, 信義, 心慮, 力行 • 8악(八惡)-결격조건 -지식이 모자라 사물에 대한 시비를 제대로 판단하지 못한다. -예(禮)가 부족하여 유능한 인재를 등용하지 못한다. -정치능력이 모자라 군법을 적절하게 운용하지 못한다. -재력을 가지고 있으면서도 궁핍을 해결하지 않는다. -지혜가 부족하여 미지의 사태에 대비할 줄 모른다. -사려가 모자라 기밀이 누설되는 것을 막지 못한다. -영달하더라도 옛 지기를 망각하여 추천하지 않는다. -작전에 실패했을 때 주위의 비방을 감당치 못한다.
장수의 마음씨	將情	• 숙영지의 우물이 완성되기도 전에 목마르다는 소리를 입밖으로 내서는 안된다. • 식사준비가 완료되기도 전에 배고파다는 말을 해서는 안된다. • 숙영지의 모닥불을 피우기도 전에 춥다는 말을 해서는 안된다. • 막사가 설치되기도 전에, 피곤하다고 말해서는 안된다. • 여름철에도 부채를 사용하지 말 것이며, 겨울에 춥다고 병사들보다 더 많은 옷을 입지 않으며, 비오는 날에도 지붕을 덮지 말고, 모든 것을 부하들과 같이 하여야 한다.

출처: 제갈량(1977); 육군본부(1987)를 토대로 요약.

우리의 고전 중에서도 장수의 도에 관한 기록들은 많이 있다. 특히 중국의 『무경칠서』의 참고로 하여 만들어진 『무신수지』(武臣須知), 그리고 『진법』(陣法)과 『병장설』(兵將說) 등이 대표적이다. 그 내용을 정리하면 다음 〈표 11〉, 〈표 12〉와 같다.

〈표 11〉 우리나라 병법고전에 나타난 장수의 도(1)

전거	편명	세부 내용
『陣法』	論將	• 장수의 종류 -현장(賢將): 예악(禮樂)을 좋아하고, 시서(詩書)에 독실하며, 신의에 밝고 위엄과 은혜로움이 있어 병사들이 즐겨 따르고, 어질고 유능한 인물이 힘을 다 바친다. -지장(智將): 이해에 밝고 성패를 잘 살피며, 적을 만나면 기묘한 계략을 세워 시기에 따라 잘 적응한다. -용장(勇將): 자신이 앞장서서 화살과 돌팔매를 무릅쓰고 적진을 드나들면, 강적을 쳐부수어 함락시킨다.
	戰備	• 부하의 관리 -추위와 굶주림을 돌보아 줌 -노고를 덜어 줌 -질병을 구완 해 줌 -죽음을 슬퍼함: 죽은 자를 정성껏 매장하고 제사를 잘 지내 줌 • 장수의 금기사항 -신임할 수 없는 인물과 더불어 승리를 도모하는 일 -지킬 수 없는 백성을 데리고 굳게 지키려는 일 -싸움의 경험이 없는 군대를 거느리고 요행으로 이기기를 바라는 일
『兵將說』	將說	• 장수의 허물: 지혜가 있다 하여 사람을 거만하게 대하고(傲), 지능이 있다 하여 남을 업신여기는(陵) 것이다. 남과 상대하기도 전에 제 뜻이 이미 남을 경멸하여(蔑) 독단적으로 일을 처리해서 위와 아래가 서로 화합하지 못한다면 이는 참으로 한탄 필부에 지나지 않는 것이다. 자기 뜻에 순종함을 좋아하고(狃), 마음에 거슬리는 것을 싫어하며(罕), 힘만을 믿고 제 뜻과 같지 않은 경우를 당하면 성내어(瞋), 장성해서도 공명을 이루지 못한다. • 상(上)의 인물상 -덕과 도량측면: 칭찬을 들어도 기뻐하지 않고 모욕을 받아도 성내지 않으며, 두루 묻고, 아랫사람의 역량을 믿고 의지하며, 유순함으로써 일을 이루어내는 자 -수련의 측면: 항상 활쏘기, 말 달리기를 일삼고, 겸하여 유술(儒術)을 익히는 자 -의리의 측면: 이익을 보면 의리를 생각하는 자

출처: 국방부전사편찬위원회(1983); 국방부전사편찬위원회(1986[1809])를 토대로 요약.

〈표 12〉 우리나라 병법고전에 나타난 장수의 도(2)

전거	편명	세 부 내 용
『武臣須知』	將才	• 장수의 재능: 무예단련, 문필겸비, 기력배양, 취사신중, 진법활용, 지형숙지, 물자완비, 주색경계 • 5신5시(五愼五施) -5신 · 다수의 병졸을 소수의 병졸처럼 다스리는 것 · 출입할 때마다 적군을 본 듯하는 것 · 싸움터에 나가면 생명을 돌보지 않는 것 · 승전하더라도 자만하지 않고 처음 싸울 때처럼 하는 것 · 법령을 시행함에 있어 까다롭지 않게 하는 것 -5시 · 신의(信)이니, 진실하고 속이지 않으며 약속을 변치 않고 끝까지 지키는 것 · 용맹(勇)이니, 과감하게 선두에 서서 적진을 쳐부수는 것 · 엄중(嚴)이니, 군정을 바로잡고 명령을 바르게 시행하는 것 · 지혜(智)이니, 전술에 밝고 적의 허실을 잘 판단하는 것 · 인자(仁)이니, 병졸들을 사랑하고 아껴 잔혹한 행위를 하지 않는 것 • 장수의 10가지 마음가짐 -정신이 맑고 깨끗하게 하여 어지럽히지 않게 한다. -생각이 원대하여 다른 사람들이 예측할 수 없도록 한다. -지조를 굳게 하여, 변득스럽지 않아야 한다. -지혜가 밝아 속일 수 없도록 해야 한다. -재물을 탐하지 않아야 한다. -여색에 빠지지 않아야 한다. -구변(口辯)에 넘어가지 않아야 한다. -근거없이 억지로 추측하지 말아야 한다. -쉽사리 기뻐하지 않아야 한다. -지나치게 노하지 않아야 한다. * 장재차제도(將才次第圖): [그림 1] 참조
	經權	• 원칙(經)과 변화(權): 報國, 任勢(인재선용), 禁令(군령의 엄수), 行軍, 料敵(적정탐지), 望氣(천기의 관찰), 守城, 攻城 * 경권호시도(經權互施圖): [그림 2] 참조

출처: 국방부전사편찬위원회(1983); 국방부전사편찬위원회(1986[1809])를 토대로 요약.

이 통솔자 중심의 리더십에 대한 오늘날 서양의 전통은 몽고메리 장군의 연구에서 찾아볼 수 있다. 그는 '장군의 덕성'(generalship)이라는 용어를 사용하였다. 몽고메리 장군은 "장군의 덕성이란 지휘의 과학이며, 지휘의 기술이다"라고 말했다. 장교들이 이론적으로 연구를 해야 한다는 의미에서 과학이며, 그 이론이 실제로 적용되어야 한다는 의미에서 기술이다. 장군의 덕성은 무엇보다도 인간 본성에 대한 깊은 이해를 필요로 한다. 그는 장군의 덕성에는 두 가지의 기본적인 요구사항이 있다고 주장한다. 첫째, 자신의 취향에 따라 군사력을 만들어내고 무기를 잘 벼리는 것이다. 그것은 전쟁 수행에 대한 깊은 지식을 필요로 한다. 둘째, 사령부에 그 무기를 적절히 휘두를 수 있는 조직을 만드는 것이다. 군사력은 적시에 작동해서 신속하게 최대의 힘을 발휘하도록 해야 한다. 군대는 최고의 성공이 보장되는 길을 따라 전장으로 진군해야 하며, 성공이 보장돼 있다는 것을 알고 있어야 한다. 그러한 전투의 '무대 연출'은 최고급이어야 한다.[19]

최근 일부 학자들을 중심으로 '고급리더십'(high level leadership)이라고 하는 용어가 사용되고 있는데, 앞선 논의와 일맥상통하는 바가 있다고 본다. 고급리더십이란 '고급제대에 있는 리더의 역량' 또는 '고위직 리더의 역량'을 모두 포괄하는 의미이다.[20]

---

19 Bernard Law Montgomery, 승영조 역, 『전쟁의 역사 I』, 책세상, 1996, pp.21-35.

20 국방대학교 안보문제연구소, 『고급리더십』, 안보연구시리즈 제2집 6호, 2001: 이 논문집에 게재된 제정관, 김용석, 김태준, 최병순 교수의 연구물들을 참고하

육군본부의 연구결과에 의하면, 고급리더로서 지휘통솔을 하기 위한 제반 요소들은 다음 〈표 13〉과 같다.

〈표 13〉 고급리더의 지휘통솔 제요소

	내 용
제대별	장관급장교
주요요구능력	• 미래예측 및 구상력 • 정확한 목표설정 및 임무부여 능력 • 지침하달 능력 • 합리적 의사결정 기술
지휘통솔수단	• 주수단: 문자 • 조직관리/지원에 주안
지휘통솔요건	• 확고한 신념/적극적 사고 • 임무/지침의 명확한 하달 • 권위적 지휘통솔 지양 • 제도를 통한 지휘통솔 • 합리적이고 건전한 부대지휘 • 조직활성화/권한위임 • 원활한 의사소통 조성

출처: 육군본부(1993)

요약하자면, 동서고금을 막론하고 리더십이라는 말은 우선은 '조직의 장' 또는 '군의 지휘관'으로서 갖추어야 할 '통솔자로서의 리더

면, '고급리더십'이란 대체로 '직책의 고위책임자'(=직책의 고급)가 발휘해야 할 '리더십'이라는 측면과 실제 일반적인 의미에서 '높은 수준의 리더십'(=수준의 고급)을 동시에 의미하고 있다.

십'에서 비롯되었으며, 현재까지의 리더십 연구경향도 이러한 전제 하에서 대부분 이루어졌다.

나. 부하정신

부하정신이란 '리더인 동시에, 차상급자에게는 부하인 사람이 발휘해야 할 정신'이다. 따라서 이는 '리더가 아닌 순수한 부하로서 갖추어야 할 정신'과는 구분된다. 대체로 후자에서의 '부하'는 현대 군사적 개념으로는 '참모'(staff)에 해당된다. 즉 참모는 부하이면서도 간부이기 때문이다.[21]

그런데 동서양을 막론하고 과거의 군대로 올라가면 갈수록 군대 내에서 이러한 의미의 부하정신을 강조하는 전통은 약했다. 왜냐하면 당시의 국가 · 사회적 환경자체가 군주-신하-백성으로 이어지는 지배-복종의 관계였기 때문에, 현대적 개념의 부하보다는 군주에 대한 '신하'로서의 예(禮)를 규정하고 있을 뿐이다. 이는 부하정신 자체

---

21 육군본부, 『지휘관 및 참모업무』(야전교범 101-1), 2003, 제2장 지휘관 및 참모, 제5절 참모, 1. 개요: "참모는 지휘관의 지휘권 행사를 보좌하기 위하여 임명되었거나 파견된 요원이다. 참모는 지휘관이 부대지휘의 막중한 책임과 불확실한 전장상황 하에서도 지휘관의 의지를 자유롭게 실현하고, 능력을 최대한 발휘할 수 있도록 보좌한다. 이를 위하여 참모는 항시 지휘관의 의도를 명찰하고 하의상달을 도모하며, 상 · 하 의지를 일치시켜 임무를 완수할 수 있도록 책임을 다하여야 한다."

가 중요하지 않아서 강조하지 않은 것이 아니라, 국가 또는 제후국 이하 단계에서의 가정 및 촌락 단위의 예절이 기본이 되어 있었기 때문으로 보인다. 따라서 이 시기에는 "충신은 효자 중에서 나온다"는 말이 통용될 수 있었던 것이다.

따라서 보다 풍부한 리더의 개념을 도출해 내기 위해, '리더이면서' 동시에 부하이기도 한 사람으로서 갖추어야 할 정신(=부하정신)에 대한 역사적 고찰은 쉽지 않기 때문에, 단순한 부하 또는 참모로서의 정신 및 덕목에 대해 살펴볼 필요가 있다.

우선 중국의 『무경칠서』(武經七書) 중의 하나인 『육도』(六韜) 중 「문도」(文韜) 편에 '군신간의 예의'[大禮]에 대해 간략하게 부하의 도리에 대한 부분이 등장한다. 문왕(文王)이 태공(太公)에게 군신간의 예의에 대해 묻자, 태공이 답한 다음의 대답 중에 그 신하된 도리를 읽을 수 있다.

> 임금이 된 자는 위에 있으면서 아래를 굽어 살펴야 하고, **신하가 된 자는 아래에 있으면서 위를 받들어야 합니다.** 아래를 굽어 살피되 가까이 대하여 소원하지 않게 하고, **위를 받들되 충성을 다하여 속임이 없어야 합니다.** 또한 임금이 된 자는 덕과 은혜를 널리 베풀어야 하고, **신하가 된 자는 안정되게 일을 처리하여야 합니다.** 덕과 은혜를 널리 베푸는 것은 천도(天道)를 따르는 것이고, **안정되게 일을 처리하는 것은 지도(地道)를 따르는 것입니다.**[22](강조: 저자)

『육도』의 저자인 태공이 가르치고자 한 바는 공경, 충성, 진실됨, 안정성, 신뢰, 순리 등의 덕목을 떠올릴 수 있다. 대체로 정명사상(正名思想)에 따라, 마땅히 신하라면 해야 할 도리를 행하는 것으로 보았던 것이다. 사실상 당시의 부하는 자신의 부하된 도리에 대해서 해석하고, 의미를 부여할 수 있는 입장에 서 있지 못했다. 즉 당시의 부하정신은 '정명'을 만들어낸 사람들(=통치자)이 바라는 이상향이라고 할 수 있었다.

우리나라의 경우는 화랑의 세속오계(世俗五戒)에 등장하는 '사군이충'(事君以忠), 즉 임금을 충성으로써 섬겨야 한다는 전통이 있다. 현대에 이르러 사회가 분화되고, 군주국의 성격에서 벗어나 민주공화국이 됨으로 해서 상관과 부하의 개념 및 위상 자체가 굉장한 변화를 가져왔다. 따라서 부하정신의 개념도 상당히 많은 변화를 가져왔다. 대체로 상관은 군대의 임무수행을 위한 사실상의 전권을 행사할 수 있기 때문에, 자발적인 부하정신보다는 강제로 해야만 되는 의무로 규정되어져 있다. 또한 금지규정까지 포함한다면 더 많은 행위준칙을 부여받고 있는 셈이다.[23]

22 국방부전사편찬위원회(1987a: 115)

23 이러한 상황은 1966년 제정되어 몇 차례의 개정을 거듭해 온 「군인복무규율」(대통령령제17158, 2001. 3. 27)과 이 규율의 일부 조항을 구체화한 「국군병영생활규정」(국방부훈령제600호, 1998. 8. 6)이 있다. 우리 군내에서는 이외에도 비공식적으로 각군 본부로부터 소대장에 이르기까지 자신의 신념을 구체화하여

실제 한 연구보고에 의하면, 조직의 성공에 있어서 리더가 기여하는 것은 많아야 20%정도이고, 그 나머지 80%는 부하들의 기여로 볼 수 있으며, 아무리 직급이 높은 리더라고 하더라도 리더로 일하는 시간보다 부하로 일하는 시간이 더 많다고 한다.[24]

〈표 14〉 부하정신의 유형

	주 요 내 용
모범형	- 일반적으로 조직구성원의 약 5-10% 정도 차지 - 리더나 집단으로부터 독립해 자주적이고 비판적 사고를 견지 - 솔선수범하고 주인의식이 있으며, 자기가 맡은 일보다 훨씬 많은 일을 함.
실무형	- 일반적으로 조직구성원의 약 20-25% 차지 - 그다지 비판적이지도 않고, 지시받은 일 이상의 모험은 하지 않음. - 자기보다 남이 먼저 책임을 지게 만드는 경향이 있음.
순응형	- 일반적으로 조직구성원의 약 20-30% 차지 - 독립적인 사고가 부족하며, 리더의 판단에 지나치게 의존하고, 리더의 권위에 순종
소외형	- 일반적으로 조직구성원의 15-25% 차지 - 독립적 · 비판적인 사고를 견지하고 있지만, 역할수행에는 그다지 적극적이지 않음.
수동형	- 조직구성원의 약 5-10% 정도 차지 - 지시없이는 주어진 임무를 수행하지 못할 뿐만 아니라 맡겨진 일 이상은 절대 하지 않음.

출처: Kelley(1994: 114)

부하들에게 강요한 각종 심득사항이 만들어졌으며, 이를 암기토록 하는 폐습도 있어서 그 폐단을 이유로 대대적인 정리를 하기도 했다.

24 R. E. Kelley, 장동현 역, 『폴로어십과 리더십』, 고려원, 1994, p.23.

그리하여 켈리(R. E. Kelley)는 실제 기업조직을 대상으로 실시한 연구조사를 통해, 위의 〈표 14〉와 같이 다섯 가지의 부하정신을 유형화했다.

우리나라의 현대 군대를 대상으로 한 '부하정신' 연구는 그렇게 많지 않다. 우선 KIDA의 연구가 있다. 이 연구는 특별한 자체 연구결과를 제시하기보다는 선행연구사례를 잘 정리하여 제시해주고 있다.[25] 우리 군내에서의 이 분야 선행연구에 대한 특징으로는, 리더를 어떻게 하면 잘 보좌할 것인가, 상관과의 상호관계는 어떻게 유지할 것이며, 상관의 의도에 충성 또는 서로를 보호하는 방안은 무엇인가, 부하로서 구비해야 할 덕목은 무엇인가 등에 주된 관심을 보였다고 지적하고 있다.[26]

이렇듯 '부하정신'관련 연구는 대체로 조직의 목표달성을 위해 어떻게 하면 상관을 잘 보필할 것인가에 초점을 두고 이루어져 왔다. '리더이면서 부하인 위치에서의 리더십'의 발휘는 앞으로의 과제이다. 그리고 이러한 입장에서의 연구 또한 과제로 남아 있다.

---

25 이종인 외, 『군 리더십』, KIDA, 1999, pp.28-38. KIDA에 소속된 이들 연구진은 이 연구에서 '부하정신'과 관련한 다음과 같은 선행연구들을 소개하고 있다.: Kelley(1994); 오점록(1998); Burns(1978); Hersey & Blanchard(1982); Heller(1982); Gilbert(1988); Gardner(1990); Hollander(1990); Huges, Ginnett & Cutphy(1993).

26 이종인 외, 위의 책, pp.49-50.

다. 동료의식

동료의식은 동료들 간에 지켜야 할 가치 · 규범 또는 수칙이라고 할 수 있다. 동료의식이란 상황에 따라서 다양한 의미를 포함한다. 대체로 단결의 동료의식, 배려와 관용의 동료의식, 그리고 믿음의 동료의식으로 구분해서 생각해 볼 수 있겠다. 동료의식에 관련된 내용은 일상생활에서도 쉽게 찾을 수 있기 때문에 그 종류별 예화를 위주로 언급하고자 한다.

첫째, 단결의 동료의식이다. 다음은 오기(吳起)가 저술한 『오자병법』「치군」(治軍)편에 기록된 위(魏) 무후(武侯)의 전쟁승리 방법에 대한 오기 자신의 답변 내용이다.

> 전승의 결정적 요인과 조건은 오로지 군을 잘 다스리는 데 있습니다. … 군의 모든 법령이 명확하지 못하고, 상벌에 신용이 없으며, 징을 쳐서 퇴각 명령을 내려도 병력을 거둘 수 없고, 북을 울려 전진 명령을 내려도 진군시킬 수가 없다면, 비록 백만 대군이 있다 하더라도 전승을 쟁취하는 데 무슨 쓸모가 있겠습니까? … 치군(治軍)의 의미와 결과는 다음과 같습니다. 평시 진중에서 예절 바르고 절도 있게 행동해야 전시에 위력을 발휘하게 되며, 이들이 진격할 때는 항거할 적이 없고, 후퇴할 때에는 추격해 올 적이 없게 되는 것입니다. 부대의 전진과 후퇴에 절도가 있고, 좌우의 방향 전환도 자유자재로 할 수 있습니다. 대소부대간의 연결과 지원이 상호 단절되더라도 소부대별로 각자 전열을 형성할 수 있으며, 분산되더라도 대오와 질서를 유지할 수 있습니

다. **장수와 병사들이 평시나 전시를 막론하고 신뢰감을 가지고 생사고락을 함께 한다면, 병력이 많은 대부대라도 상하가 일치단결하여 두 마음을 가지는 법이 없을 것이며, 부대의 능력을 효율적으로 발휘하게 하되 피로하지 않도록 한다면, 이를 어떤 작전에 투입하더라도 천하게 당해 낼 적이 없을 것입니다. 이러한 군대를 '부자지병'**(父子之兵)**이라고 합니다.**[27](강조: 저자)

둘째, 배려와 관용의 동료의식이다. 다음 두 가지의 예화를 발췌했는데, [예화1]은 『사기』(史記) 「손자오기열전」(孫子吳起列傳)에서 발췌하였다. 모두 오기와 위 무후와의 대화내용 중에서 발췌한 것으로써, 부하사랑의 동료의식을 느낄 수 있는 대목이다. [예화2]는 『소서』(素書)에 나오는 관우(關羽)[28]와 관련된 내용이다.

27 국방부전사편찬위원회(1987a: 81-82)

28 관우는 자(字)는 운장(雲長), 원래는 장생(長生)이다. 시호(諡號)는 장목후(壯繆侯) 또는 장목후(壯穆侯)라고도 쓴다. 오래전부터 중국의 민간에서 충의(忠義)와 무용(武勇)의 상징으로 여겨져 무성(武聖)이나 관성제군(關聖帝君), 관제성군(關帝聖君) 등으로 숭배되었고, 줄여서 관성제, 관제군, 관제, 성제 등으로도 불린다. 『三國志演義』에는 아름다운 수염을 가지고 있었고, 유비(劉備)·장비(張飛)와 함께 의형제로 도원결의(桃園結義)를 맺었다고 묘사되어 있다. 때문에 미염공(美髯公)이나 관이야(關二爺) 등으로도 불린다. 중국 하동군 해현(河東郡 解縣, 현재의 山西省 運城市) 출신으로 이곳은 중국 최대의 염호(塩湖)인 해지(解池)가 있어 소금 생산지로 유명했던 곳이다. 한(漢) 나라에서는 소금이 국가 전매품이어서 밀매가 성행했는데, 관우는 소금 밀매에 관여하다가 염상(塩商)을 죽이고 유주 탁군(幽州 涿郡, 지금의 河北省 涿州市)으로 도피했다. 그리고

[예화1]

위 무후: 어떻게 하면 전쟁승리의 요건을 얻을 수 있겠소?

오자: 주군께서 나라에 공을 세운 자들에게 잔치를 베풀어 위로하시되, 공을 세우지 못한 자들도 함께 불러 격려해 주십시오. 이렇게 하면, 이들도 부끄러움을 느끼고, 스스로 공을 세우고자 분발할 것입니다.[29]

[예화2]

『소서』(素書)에 "원망은 조그마한 과실을 용서해 주지 않는 데서 생긴다"고 하였으며, 관자(管子)는 "과실이 있는 자에게는 즉시 벌을 주고 풀어야 하며, 그것을 마음 속에 묵히지 말라"고 하였고, 또한 "그대로 용서해 주는 것은 달리는 말의 고삐를 풀어 놓는 것과 같으며, 벌을 주는 것은 병을 고치는 약석(藥石)과 같은 것이다"라고 하였다. 옛날 관운장은 이 말을 깊이 새기지 않아서, 미방(糜芳) · 부사인(傅士仁) 두 사람으로 하여금 의구심을 품고 불안에 떨게 하여,[30] 마침내 성문을

그곳에서 유비를 만나 장비와 함께 그의 호위관이 되었다. 유비가 평원상(平原相)이 되었을 때 관우는 장비와 함께 별부사마(別部司馬)가 되어 군대를 나누어 통솔했다. 유비와 관우, 장비는 형제처럼 관계가 돈독하였다고 한다. (네이버 지식백과, 2015.6.26. 검색)

29 위의 책, p.104: 실제로 이 예화에서 오기 자신이 말한 것처럼 전공을 세우지 못한 병력 5만을 이끌고 50만의 진(秦)나라 군대와 전쟁을 벌여 승리하였다. 이것은 리더로서 오직 장병들을 격려하고 군의 사기를 위해 노력한 결과인데, 그 요체는 부하를 자신과 일치시키려고 하는 일심동체의 동료의식에서 비롯되었다고 할 수 있다.

열고 나가서 오(吳) 나라 군에 항복하게 하였으니, 이는 예나 지금이나 모두들 혀를 차며 탄식하고 있는 일이다.[31]

셋째, 믿음의 동료의식이다.

중국 진(晋)나라의 문왕(文王)이 원(原)나라를 칠 때의 일이다.

왕은 병사들에게 싸움을 10일 안에 끝내겠다고 약속한 다음 10일간의 양식만을 준비시켜 출병했다. 그러나 10일이 지나도 성은 함락되지 않았다. 왕은 약속을 지키기 위해 북을 울리고 철군을 명하였다.

이때 원나라의 한 병사가 성 밖으로 도망 나와 원나라는 이제 힘을 다하여 수삼 일이면 항복을 할 수 밖에 없을 것이라고 밀고해 주었다. 이 말을 듣자 여러 장군들은 문왕에게 성안에 식량이 다 떨어진 듯하니 이때를 놓치지 말고 당장에 성에 쳐들어가도록 진언했다.

---

30 국방부전사편찬위원회(1986: 43), 각주66: "당시 강릉(江陵)지방을 수비 중이던 관우는 조조(曹操)의 장수 우금(于禁)의 군을 요격하기 위하여 출동하면서 남쪽 오(吳)나라의 기습에 대비하여, 요해지인 공안(公安)에 부사인을, 남군(南郡)에 미방을 각각 수비장으로 임명하였는데, 이들이 술에 취한 사이 화재가 발생하여 식량과 마초(馬草)가 소실되었다. 이에 관우는 노하여 이들을 크게 꾸짖고 벌을 가하려고 하였다. 그 후 부사인 · 미방 두 사람은 자신들의 처벌을 두려워한 나머지 오나라 군대가 기습해 오자, 항전하지 않고 그대로 항복하였다. 이로 말미암아 관우는 패전하여 아들 관평(關平)과 함께 사로잡혀 죽임을 당하였다."

31 위의 책, pp.42-43.

그러나 문왕은 고개를 저으며, "**짐은 병사들에게 10일 동안만 싸우겠다고 약속했다. 만약 내가 이 약속을 어긴다면 짐은 신의를 잃게 된다. 약속을 깨트리고 며칠만 더 싸우면 성을 함락시킬 수도 있겠지만, 대신 앞으로 병사들은 짐의 말을 믿지 않게 될 것이다. 이것이 더 중요한 일이다**"라고 말하며 받아들이지 않았다. 이 말을 성안의 원나라 병사들이 전해 듣고, 신의를 지키는 문왕에 감복하여 항복해 왔다.[32](강조: 저자)

32 육군본부, 『장교의 도』, 1997, pp.130-131.

3. 리더십의 내용: 3위

'3위'란 인지적 요소, 정의적 요소, 그리고 행동적 요소를 포괄하는 이른바 리더십을 이루는 '내용'을 말한다. 이 세 가지의 개념은 '온전한 인격'과 '이상적인 품성'을 말할 때 동서양을 막론하고, 널리 활용되어지고 있다. '3위'의 개념을 이루는 인지 · 정의 · 행동적 요소는 매우 추상적이기 때문에, 대체로 다음 〈표 15〉에서 제시된 전거와 그 용례의 요소군(群)별 유사성을 인정하고, 논의를 전개하고자 한다.

〈표 15〉 리더십의 3위의 용례

	인지적 요소	정의적 요소	행동적 요소
『진법』 (국방부군사편찬위원회, 1983)	지장(智將)	현장(賢將)	용장(勇將)
미 육군 교범 (US Army, FM22-100)	KNOW	BE	DO
'통합된 인격' 교육 (Lickona, 1991)	Moral Knowing • moral awareness • moral values knowledge • perspective taking • moral reasoning • decision-making • self-knowledge	Moral Sentiments • conscience • self-respect • empathy • loving the good • self-control • humility	Moral Acting[1)] • competence • will • habit
육군사관학교 교훈	智	仁	勇
한국 도덕교육 (교육부, 1997)	인지적	정의적	행동적

주1) Kirschenbaum은 '행동'(acting)이라는 용어 대신에 '의사소통'(communication)이라는 용어의 사용을 제안함(Kirschenbaum, 1978: 17-19).

여기서는 두 부분으로 나누어서, 우선은 그 개념에 대한 기본적인 고찰 및 예화를 중심으로 살펴보고, 이어서 현실 적용에 있어서 각 요소들의 유기적인 통합에 대한 기본적인 고찰과 선행연구사례를 제시하고자 한다.

가. 리더십 내용(=3위)의 구성요소

1) 인지적 요소(=知)

군의 리더십에서 인지적 요소는 미국의 도덕교육학자인 토마스 리코나(T. Lickona, 1991)의 '도덕적으로 아는 것'(moral knowing)이라는 개념에서 시사점을 얻을 수 있을 것이다. 즉 군의 리더십의 인지적 요소는 1) 리더십에 대한 바른 인식, 2) 리더십의 가치에 대한 지식, 3) 리더십의 사례에 대한 자신의 입장 채택하기, 4) 리더십에 대한 추론, 5) 의사결정, 그리고 6) 자기자신에 관한 지식으로 원용하여 상정될 수 있을 것이다.[33]

"아는 것이 힘이다"라고 말했던 베이컨(F. Bacon, 1561~ 1626)의

33 박병기 · 추병완, 『윤리학과 도덕교육1』, 인간사랑, 1999, pp.339-342: '도덕적으로 아는 것'(=도덕교육에 있어서의 인지적 요소)의 세부적인 요소로 1) 도덕적 인식(moral awareness), 2) 도덕적 가치들에 대한 지식(knowledge of moral values), 3) 입장채택(perspective taking), 4) 도덕적 추론(moral reasoning), 5) 의사결정(decision-making), 6) 자기 자신에 관한 지식(self-knowledge) 등이다.

철학적 기조는 여기에 적합한 표현이다. 근대적 과학지식이 등장하기 이전의 당시에는 일반화된 진리에 근거하기보다는 미신이나 종교지도자의 가르침이 공동체의 준거가 되었다. 이후 상황은 많이 변화하여 인간사회나 우주법칙에 있어서 불확실성이 증대했고, 아직도 그러한 전통은 이어지고 있다. 하지만 여전히 이 땅위에 발을 붙이고 있는 한계상황을 몸으로 안고 살아가고 있는 우리 인간에게 있어서의 지식(knowledge)이라고 하는 것은 인식에 있어서 가장 기본이 되고 있음은 부인할 수 없다.

이와 같은 '지식'에 가치가 개입된 용어가 '지혜'(智慧, wisdom)이다. 리더는 자신이 책임을 지고 있는 조직의 현재 상황을 진단하고, 미래의 방향을 설정하여, 그 간극을 메워나가는 데 게을리 해서는 안될 것이다. 이러한 과정에서 리더는 지혜를 가져야 한다.

그리하여 동양에서는 예로부터 리더(=선비)가 구비해야 할 여섯 가지의 기예가 있었는데, 그것이 바로 육예(六藝)이다. 즉 예(禮) · 악(樂) · 사(射, 활쏘기) · 어(御, 말타기) · 서(書) · 수(數)이다. 원래는 그 내용이 여섯 가지의 기술을 지칭했었는데, 한대(漢代)에 이르러 그 내용은 시(詩) · 서 · 예 · 악 · 역(易) · 춘추(春秋)의 유가 5경서를 전적으로 의미하게 되었다.[34] 여기서 말하는 지식 또는 지혜의 개념

34 강영선 외, 『세계철학대사전』, 교육출판공사, 1989, p.857; 국방부전사편찬위원회(1986: 69)

에는 전자가 부합된다. 여섯 가지 중에서 서·수 두 개가 인지적인 요소에 해당된다. 하지만 정의적 영역에 포함된 악기연주(=樂)의 경우, "… 할 줄 안다"라고 표현하고 있는 점으로 보아, 인지적 영역이 아닌 요소들도 인지적 영역과 무관하다고는 할 수 없을 것이다.

그런데 산업문명의 발전과 함께 사회의 분화 속도도 빨라졌고, 전통적인 지식의 경우에 있어서도 정통의 지위를 점하고 있던 '지적인 영역'도 점점 분화되기 시작했다. 그 결과 그 분야별로 올바른 가치를 실현한 사람에 대한 평가기준도 점점 달라지기 시작했다.

최근 쿠즈와 포스너(Kouzes & Posner)는 미국의 일반기업에서의 리더십 사례에 대해 조사연구 결과에 의하면, 미국의 고위직 리더가 구비해야 할 덕목은 다음 〈표 16〉과 같다.

아래의 〈표 16〉에서 보는 바와 같이, 현대산업사회에 있어서의 '인지적인 요소'는 큰 비중을 나타내지 못하는 것으로 보인다. 하지만 군의 리더십의 특징은 일반사회와 다소 다른 부분이 있다는 주장도 있다. 즉 군대에서의 리더십은 임무와 조직의 특성에 따라 결정될 수 있는데, 군은 전쟁에서의 승리를 위해서 존재하는 만큼 사명과 임무는 절대적이라는 점이다. 따라서 리더와 구성원은 온갖 난관을 무릅쓰고 이를 극복하여 승리를 이루어내야 하는 것이다. 다른 조직이 조직자체로서 구성원의 목표와 조직의 목표가 균형적인 조화를 이루는 관계로 존속해 가고 있다. 하지만 군대조직은 전체 국가와 국민의 생존과 관련되기 때문에 희생정신, 명령에 대한 절대적인 복종, 생사고락을 함께 하는 전우애와 단결심과 동일체 의식 등을 강조하는 소위 군인정신을 바탕으로 이루어지고 있다.[35]

〈표 16〉 리더로서 갖추어야 할 덕목

	순위	응답한 CEO 수	덕목의 영역*
정직	1	83	정의
능력	2	67	행동
적극성	3	62	정의/행동
감화력	4	58	정의
지성	5	43	인지
공정함	6	40	정의/행동
너그러움	7	37	정의/행동
솔직성	8	34	정의/행동
창의력	9	34	인지/행동
신뢰	10	33	정의
지원	11	32	행동
용기	12	27	정의/행동
침착성	13	26	정의
협동심	14	25	행동
원숙함	15	23	정의/행동
야망	16	21	행동
결단력	17	20	정의/행동
자기통제력	18	13	정의/행동
충성심	19	11	정의/행동
독립심	20	10	정의/행동

출처: J. M. Kouzes & B. Z. Posner(1998: 34)

주: 인지적 요소는 2개, 정의적 요소는 14개, 행동적 요소는 15개로 정의·행동적 요소가 월등히 많은 선호를 보이고 있음.

35 김용석, "군 조직에서 고급리더십 연구", 국방대학교 안보문제연구소, 『고급리더십』, 안보연구시리즈 제2집 6호, 2001, p.102.

이러한 군의 특수성으로 인해, 군에서 요구되는 리더십의 특성도 상당히 다른 방향으로 나타나고 있다. 미군에 있어서 리더에게 요구되는 자질은 다음 〈표 17〉과 같다.

〈표 17〉 미군에 있어서 군 리더의 요구 자질

영역	개수	내 용
인지적 요소 (Know)	18	• 제대별 지휘관의 고유 업무에 대한 정통성 • 지휘통솔 관리를 통합하는 기술 • 외국군의 전투지휘 사례에 관한 지식 • 바람직한 군대문화와 가치의 창출 능력 • 인간본성의 이해 • 장병들의 심리특성 • 심리 상담기술 • 병영 내의 고질적 폐습들에 관한 지식 • 군기사고와 사례들에 관한 지식 • 인사고과와 관련된 갈등 사례에 관한 지식 • 말과 글에 의한 의사전달 기술 • 조직의 특성과 생리의 이해 • 계획하고 조직하는 능력 • 의사결정 방법 • 문제해결 방법 • 회의진행 기술 • 협동과 연합기술 • 설득과 협상 기술
정의적 요소 (Be)	8	• 부하로부터 신뢰받을 수 있는 강하고 명예로운 인격 • 도덕적 딜레마에 대한 윤리적 판단력 • 다양한 시각들을 인정하고 그 모두를 인정하는 능력(도량) • 제대별 지휘관의 직업윤리, 업무태도 • 부하들의 요구에 대한관심 • 전쟁의 윤리 • 전시 공황의 극복 능력 • 스트레스 극복 능력
행동적 요소 (Do)	14	• 팀웍 형성 • 장병들 간의 신뢰 형성 • 장병들 간의 갈등 해결 • 부대목표 달성 • 동기유발 • 권한 위임 • 지지 및 격려 • 칭찬과 벌 • 감독 • 부하들의 능력개발 • 섭외활동과 외교 • 공동가치의 공유 • 조직의 분위기 조성 • 일과 사람의 균형된 배려

출처: US Army(1987; 1999), 제정관(2001: 21) 재인용.

주: '정의적 요소'는 원문에는 'Be' 즉 '인격적 요소'라고 번역되어 있는데, 사실 인격적 요소는 다른 요소들을 모두 포괄하는 성격을 갖고 있기 때문에, 본 연구의 기본적인 흐름에 다라 정서 · 인격 · 감정 등의 리더의 마음에 관련된 내용의 범주로 표현하게 된 것임.

위의 〈표 17〉에서 보는 바와 같이, 군의 리더에게 요구되는 요소별 영역도 인지적 영역(18) : 정의적 영역(8) : 행동적 영역(14)의 순이다. 이는 객관적인 군 자체가 갖는 특수성을 확인해 볼 수 있는 자료라고 할 수 있다.

우리나라 군대의 경우, 특히 인지적 요소의 교육이 절실히 필요한데, 이로 인해 군 리더에게도 인지적 영역의 사고가 긴요한 실정이다. 여러 가지의 이유가 있겠지만, 특히 우리 한국이 처한 안보환경과 국내 상황을 볼 때 그 해답을 찾을 수 있을 것이다.

〈표 18〉 초·중등교육과정에서의 「도덕과」 교수 덕목/영역

	개인생활					가정·이웃·학교생활				
주요 가치·덕목	생명존중	성실	정직	자주	절제	경애	효도	예절	협동	애교·애향
주된 영역	정의/행동	정의/행동	정의/행동	정의/행동	행동	정의	정의/행동	정의/행동	행동	정의/행동
	사회생활					국가·민족생활				
주요 가치·덕목	준법	타인배려	환경보호	정의(正義)	공동체의식	국가애	민족애	안보의식	평화통일	인류애
주된 영역	지적/행동	정의/행동	행동	행동	정의/행동	정의/행동	정의/행동	정의/행동	정의/행동	정의/행동

출처: 교육부(1997)

주1) 현행 제7차 초·중등교육과정의 도덕과(3학년~10학년) 교수내용 중 강조되고 있는 20가지 주요덕목에 대한 인지적·정의적·행동적 영역별로 구분한 것임. 압도적으로 정의/행동적인 요소가 많지만, '무지'와 '편견'으로 인해서 비롯된 비도덕적 행동에 대해서는 여전히 '지적요소'가 유효하다고 봄.

2) 이후 교육과정에서는 이 덕목의 범주와 개수는 약간의 변동이 있으니, 대강의 체계는 그대로 유지되고 있음.

첫째, 예비장병들의 선행가치교육에 있어서 인지적 교육의 정도가 빈약하기 때문이다. 위의 〈표 18〉에서 확인할 수 있는 바와 같이, 현행 초·중등학교의 「도덕과」 교육은 정의적/행동적 영역에 천착되어 있다.

둘째, 우리나라의 안보상황에 있어서는 "뜨거운 가슴보다는 차가운 머리, 즉 냉철한 이성"이 더 필요한 경우가 많다. 오늘도 북한은 소위 '민족공조'의 논리로 우리나라의 안보의 핵심축이라고 할 수 있는 '한미동맹'을 위해하려고 책동하고 있다. 이런 점에서 감정이나 사려분별 없는 행동에 의해 끌려 다니는 군 장병이 되어서는 안될 것이다. 여기에 군의 리더라면 적어도 이러한 문제에 있어서 자신의 논리가 있어야 하고, 부하들을 지도할 수 있어야 한다.

군 리더십의 인지적 영역에 대한 접근은 조선시대이전시기와 냉전시기에는 매우 유효한 논리였다. 왜냐하면 국가 및 군대가 가르치고 계도해야 할 명확한 국가이데올로기가 있었기 때문에, 군 리더들도 이에 순응하는 방향으로 자연스럽게 편승했기 때문에, 자연스럽게 정의적이고, 행동적인 요소로 흘러가게 되었다.

다만 우리가 여기서 유념해야 할 바는 리더십을 발휘하기 위해, 장병들의 말초적인 감성만을 충족시켜주려고 한다든지(=정의적 요소), 공이나 하나 던져주면서 그냥 놀아라(=행동적 요소)고 해서는 안된다는 점이다. 인지적 대영역내에 생활단위의 범주를 개발하고, 거기에 합당한 주제를 지속적으로 찾아가는 노력을 해야 할 것이다.

요약하자면, 군 리더십에 있어서의 인지적 요소는 전쟁에서 승리를 보장하기 위해서, 리더가 결심을 할 때 '애매성'(曖昧性)을 최소화하여, 확실한 결심을 할 수 있도록 하기 위한 역할을 한다고 할 수 있다. 그리고 리더 스스로의 개인적, 공공적 지적 호기심을 해소해 줄 수 있는 요소이다.

2) 정의적 요소(=情)

군의 리더십에서 정의적 요소는 미국의 도덕교육학자인 Lickona (1991)의 '도덕적 감정'이라는 개념에서 시사점을 얻을 수 있을 것이다. '도덕적인 감정'(=도덕교육에 있어서의 정의적 요소)의 세부적인 요소는 1) 양심(conscience), 2) 자기존중(self-respect), 3) 감정이입(empathy), 4) 선을 사랑하는 것(loving the good), 5) 자기통제(self-control), 그리고 6) 겸양(humility) 등이다.[36]

우리는 선거유세나 TV선거토론방송에서 자신의 과거사에 대한 변명을 위해 눈물을 흘리는 장면을 심심찮게 볼 수 있다. 그런데 그런 사람은 진정한 리더십을 발휘할 수 있는 역량이 갖추어져 있지 않은 사람이다. 진정한 리더는 자신의 안위를 위해 눈물을 흘리는 것이 아니라, 국가와 국민, 그리고 자신의 부하와 조직을 위해 눈물

36 박병기 · 추병완, 앞의 책, pp.342-345.

을 흘린다.

오기가 부하의 등창을 입으로 제거해 주었다는 예화는 매우 많이 원용되어지고 있다. 다음은 『오자병법』 「勵士」편에서 발췌한 것인데, 부하에 대한 사랑과 애착을 느낄 수 있다. 이것이 진정한 리더십의 정의적 요소라고 할 수 있다.

> 오기는 장군이 되자 가장 신분이 낮은 사졸들과 같은 옷을 입고 식사를 함께 하였다. 잠을 잘 때에는 자리를 깔지 않았으며 행군할 때에는 말이나 수레를 타지 않고 자기가 먹을 식량을 친히 가지고 다니는 등 사졸들과 수고로움을 함께 나누었다. 언제인가 사졸 중에 독창(毒瘡)이 난 자가 있었는데, 오기가 그것을 빨아주었다. 사졸의 어머니가 그 소식을 듣고는 통곡하였다. 어떤 사람이 "그대의 아들은 일개 사졸인데 장군이 친히 그 독창을 빨아주었거늘, 어찌하여 통곡하는 것이오?"라고 하자, 그 어머니는 "**그렇지 않소, 예전에 오공(吳公), 즉 오기가 그 아이 아버지의 독창을 빨아준 적이 있었는데 그이는 (감격한 나머지 전쟁터에서) 물러설 줄 모르고 용감히 싸우다가 적에게 죽음을 당하고 말았습니다. 오공이 지금 또 내 자식의 독창을 빨아주었다니 난 이제 그 아이가 어디서 죽게 될 줄 모르게 되었습니다. 그래서 통곡하는 것입니다**"라고 하였다.[37](강조: 저자)

37 司馬遷, 정범진 외역, 『史記5: 열전 상(손자오기열전)』, 까치, 1995, p.41.

요약하자면, 군 리더십에 있어서 정의적 요소란 리더가 결심을 하는 데 있어서 보다 원활히 할 수 있도록 환경을 조성해 주는 역할을 하는 것이다. 이 정의적 요소 자체가 군 리더의 최종결정에 직접적인 영향을 미치는 것은 아니다. 하지만 장기적인 기간을 두고 준비하고 투자를 한다면 여러 가지 상승작용을 낼 수도 있는 요소이다.

3) 행동적 요소(=行)

군의 리더십에서 행동적 요소는 미국의 도덕교육학자인 Lickona (1991)의 '도덕적으로 행동하기'(moral acting)이라는 개념에서 시사점을 얻을 수 있다. '도덕적으로 행동하기'(=도덕교육에 있어서의 행동적 요소)의 세부적인 요소는 1) 리더로서의 능력(competence), 2) 리더로서의 의지(will), 그리고 3) 리더로서의 습관(habit) 등이다.[38]

다음은 삼국시대 신라의 김유신 장군의 일화에서 발췌한 것이다. 여기서 우리는 행동적인 측면에서의 김유신 장군의 품위를 느낄 수 있다.

> 선덕여왕 13년 9월에 왕이 유신을 상장군에 임명하고 백제를 공격하게 하였다. 김유신은 가혜(加兮, 현재의 거창) 등 일곱 성을 공략하여 점령하였다. 그 후 얼마 안되어 백제군의 대병력이 매리포성(買利

38 박병기 · 추병완, 앞의 책, pp.345-346.

浦城)을 침공하였으므로, 선덕여왕은 다시 김유신에게 명하여 백제군을 막게 하였다. 김유신은 왕명을 받고 달려가서 백제군을 쳐부수고, 2천명을 베어죽이고 돌아와 왕께 보고하고 미처 자기 집에 돌아가지도 못했는데, 또 백제군이 국경에 진을 치고 나라를 침입하려 한다는 급보가 날아들었다. 이에 왕은 다시 김유신에게 출병할 것을 명령하였다. **김유신은 집에 들르지도 못한 채 또다시 군사를 정비하여 서쪽으로 말머리를 돌렸다. 이때 김유신의 집안사람들은 모두 대문 밖에 나와서 기다리고 있었는데, 그는 대문을 지나간 다음에 말을 세우고, 부하에게 자기집 우물물을 떠 오게 하여 그것을 마시고는 길을 떠났다.** 그러자, 모든 군사들은 저마나 "장군께서도 저러하신데 하물며 우리들이야 어찌 부모형제와 이별하는 것을 한탄하겠는가"라고 했다고 한다.[39](강조: 저자)

요약하자면, 군 리더십에 있어서 행동적 요소란 리더의 결심을 최종적으로 밖으로 드러내는 것이다. 간혹 리더는 자신이 원하지 않은 일을 해야만 되는 상황이 많이 있다. 그리고 잘 모르는 상황에서 결정을 내리고, 그 결정을 집행해야만 되는 상황이 있다. 그런데 리더에게는 모든 것을 느낄 수 있고, 최종결정을 함에 있어서 알아야만 될 의무가 부여되어 있다. 자신이 모를 경우, 적임자인 부하를 최대한 활용해서라도 그러한 의무를 수행해야 한다. 즉 행동적인 측면에서 리더는 많은 제약을 안고 생활하는 것이다. 리더에게 있어서 이

39 국방부전사편찬위원회, 『해동명장전』, 1987b, pp.10-11.

행동적인 측면은 최종적인 발현이기는 하지만, 그렇다고 리더십의 모든 진수가 여기에 포함되어 있다고는 할 수 없다.

따라서 진정한 리더는 잘 알아야 하고, 잘 느껴야 한다. 이러한 바탕 하에서 자신이 알고, 느끼고 있는 바를 제대로 실천에 옮겨야 하는 것이다. 만약 앞의 두 단계와 배치되는 결정을 하고, 그렇게 실행한다면 이율배반적인 행동을 하는 사람으로 비난받을 수도 있다. "어항 속의 금붕어"라고 하는 세인들의 경구는 바로 여기에 해당된다고 하겠다.

나. 리더십 내용(=3위)의 적용

리더십에 있어서의 내용, 즉 인격적 자질의 묶음이라고 할 수 있다. 앞서 언급한 인지적, 정의적, 행동적인 각 요소들은 비록 그 중요도에 따라 약간의 차이는 있다고 하더라도 세 가지 요소군(群)의 유기적인 통합에 의해 작동된다. 이러한 맥락에서 최근 우리나라의 초·중등학교에서는 인격 내지 덕에 대한 통합성(integrity), 즉 '통합된 인격'을 강조하고 있는 실정이다.

현재 우리나라의 초·중등학교에서의 가치교육에서는 이 문제와 관련하여 많은 논의가 이루어졌다. 특히 덕목(virtue)과 원리(principle) 사이에서의 '창조적 긴장관계'를 통해서 외국의 선행교육사례 등을 참고하여 큰 무리없이 진행 중에 있다. 그 논의과정에 대해 살펴보면, 현재 리더십의 내용요소로서의 '위'의 개념을 보다 풍부히 해 줄 것으로 본다.

가치교육에 있어서 가치덕목을 중심으로 할 것인가, 아니면 도덕적 원리에 따라 할 것인가는 영원한 숙제였다. 이러한 숙제는 서양의 경우 인격교육론자들과 콜버그(Lawrence Kohlberg)의 이론적 논쟁에서 잘 나타나고 있다. 흔히 이러한 갈등은 도덕성을 내용으로 보는지 아니면 형식으로 보는 것인지에 따른 이론적 대립으로 여겨지기도 한다. 미국에서는 1930년대 초반까지 도덕성의 내용으로서의 덕(virtue)을 가르치는 입장이 우세하였으나, 콜버그의 인지발달적 도덕교육이 대두한 이래로 도덕성을 형식으로 보는 관점이 우세하였고, 이에 따라 도덕적 원리를 중시하는 입장으로 선회하게 되었다. 그리하여 최근에는 인격교육의 부활과 더불어 다시금 덕을 중시하는 입장이 강조되고 있다.[40]

한편 우리나라에서는 도덕교육, 인격교육의 경우 전통적으로 덕교육의 입장을 취해왔으나 1970년대 이후 미국의 가치명료화나 도덕성 발달 이론의 도입과 그 영향 하에서 도덕적 추론 능력을 강조하는 방향으로 시도되어져 왔다. 그러던 중 1990년대의 제6차 교육과정의 시행과 함께 종래의 도덕적 원리와 객관적 도덕규범의 신념

40 추병완, "도덕교육 이론에 대한 비판적 평가", 한국도덕윤리교육학회, 『도덕윤리과교육』 제7호, 1996, p.308.

화에 입각한 도덕교육의 한계를 인식하고 초·중등 도덕·윤리교과에서 실행 중심으로 강조점을 옮기면서 새롭게 덕교육을 강조하기 시작했다.[41]

미국의 '장학 및 교육과정 개발위원회'(ASCD, 1988)가 제시한 '도덕적으로 성숙한 인간'(the morally mature person)의 모습은 도덕성 및 도덕교육에 대한 포괄적·통합적 접근의 필요성을 잘 나타내주고 있다. 도덕적으로 성숙한 사람은 다음과 같은 여섯 가지 특성을 습관적으로 행하는 사람이라고 한다.

첫째, 인간의 고귀함을 존중한다. 1) 모든 사람들의 가치와 권리에 대한 존중을 나타낸다. 2) 속임수와 거짓을 피한다. 3) 인간의 평등을 드높인다. 4) 양심의 자유를 존중한다. 5) 다른 견해를 지니고 있는 사람들과 함께 일한다. 6) 편견을 가진 행동을 삼가한다.

둘째, 타인들의 복리에 대해 신경을 쓴다. 1) 사람들 간의 상호 의존성을 인정한다. 2) 자신이 속해 있는 국가를 사랑한다. 3) 사회정의를 추구한다. 4) 타인들을 돕는 것을 즐거워한다. 5) 다른 사람들이 도덕적 성숙에 이를 수 있도록 도와주는 일을 한다.

셋째, 개인적 이해관계와 사회적 책임을 통합한다. 1) 공동체 생활

41 정세구 외역, 『인격교육과 덕교육』, 배영사, 1995, pp.3-4.

에 관여한다. 2) 공동과업에서 자기에 할당된 몫을 이해한다. 3) 자아관련 가치들 그리고 타인관련 도덕적 가치들을 일상생활에서 나타낸다. 4) 서약을 충실히 이행한다. 5) 타인들과의 관계들을 통해서 자기 자신에 대한 존중감을 발달시킨다.

넷째, 일상생활에서 성실함을 표명한다. 1) 근면함을 실천한다. 2) 도덕적 원칙을 견지한다. 3) 도덕적 용기를 나타낸다. 4) 타협할 때와 대결할 때를 분별할 줄 안다. 5) 자신의 선택에 따르는 책임을 수용한다.

다섯째, 도덕적 선택들에 대하여 숙고한다. 1) 상황에 관련되어 있는 도덕적 문제들을 인식한다. 2) 도덕적 판단을 내릴 때에 도덕적 원리들을 적용한다. 3) 결정의 결과들에 대하여 생각해 본다. 4) 자신이 속해 있는 사회와 세계적으로 중요한 도덕적 이슈들에 대하여 알고자 노력한다.

여섯째, 평화적인 갈등 해결을 모색한다. 1) 개인적 갈등과 사회적 갈등의 공정한 해결을 위하여 애쓴다. 2) 언어적 · 물리적 공격을 삼간다. 3) 타인에 대하여 주의 깊게 귀를 기울인다. 4) 서로 의사소통할 수 있도록 타인들을 고무한다. 5) 평화를 위하여 일한다.[42]

42 ASCD(Association for Supervision and Curriculum Development) Panel on Moral Education, *Moral Education in the Life of the School*, Alexandria, VA: Association for Supervision and Curriculum Development, 1988, pp.19-20.

이렇듯 현대의 가치교육은 내용으로서의 덕목과 형식으로서의 원리까지 포함하면서도, 교육의 환경적인 요소까지를 포함하는 매우 포괄적이고 통합적이며, 다차원적으로 진행되고 있다. 이는 곧 리더가 조화로운 통합적 덕목을 구비해야 함을 시사해 준다.

〈표 19〉『장교의 道』에 제시된 바람직한 장교상

<table>
<tr><td rowspan="2">역사속에
나타난
장교상</td><td>동양의
전통적 장교상</td><td colspan="2">서양의
전통적 장교상</td><td colspan="2">우리나라의
전통적 장교상</td></tr>
<tr><td>• 중국: 智, 信, 仁, 勇, 嚴, 忠
• 일본: 忠誠, 武勇, 名譽, 正義, 信義</td><td colspan="2">義務, 名譽, 尊敬, 正義, 忠誠, 勇氣, 尙武, 團結, 智略, 愛國心, 必勝, 責任, 軍紀, 自律</td><td colspan="2">• 삼국이전: 武勇, 禮讓, 忠義
• 삼국시대: 花郞, 尙武, 忠節
• 고려시대: 護國精神, 自主精神
• 조선시대: 仁義, 忠勇</td></tr>
<tr><td colspan="6">⇩</td></tr>
<tr><td>핵심
덕목</td><td colspan="5">忠誠, 勇氣, 責任感, 名譽, 眞實性, 公正, 誠實, 率先垂範, 信義, 遵法精神, 奉仕, 犧牲, 正直, 人間尊重, 服從心, 義務, 戰友愛, 正義, 智略, 團結, 淸廉, 包容 (22개 덕목: 빈도순)</td></tr>
<tr><td colspan="6">⇩</td></tr>
<tr><td rowspan="4">類目化</td><td colspan="5">현재적 상황에서의 將校道</td></tr>
<tr><td colspan="5">⇩</td></tr>
<tr><td>修身(개인)</td><td rowspan="2"></td><td>率先垂範(부대)</td><td rowspan="2"></td><td>爲國獻身(국가)</td></tr>
<tr><td>正直, 信義, 誠實, 勇氣, 叡智</td><td>責任, 團結, 包容, 公正, 淸廉</td><td>忠誠, 名譽, 犧牲, 奉仕, 恒在戰場意識</td></tr>
</table>

출처: 육군본부(1997: 113)

현재까지 우리 군 내부에서도 이러한 덕목의 통합을 위해 - 더 정확히는 체계화를 위해 - 많은 노력을 해 왔는데, 그 중에서 대표적인 것 두 가지를 예로 들고자 한다. 이들은 모두 육군에 의해서 기획되었다. 우선 육군의 고급지휘관과 전문가들의 의견, 여론조사 등을 통해 만들어진 『장교의 도』를 꼽을 수 있다. 이 연구결과(책자)는 여론조사와 문헌조사 등 다양한 연구방법을 통해 발표되었다.

이렇게 해서 덕목들 중에서 선호빈도수가 높은 것을 채택하여, 이를 다시 개인(=修身), 부대(=率先垂範), 국가(=爲國獻身)로 구분하여 제시하였다. 그 상세한 내용은 〈표 19〉에서 보는 바와 같다.

위의 〈표 19〉에서 볼 수 있는 바와 같이, 덕목을 중심으로 한 군내의 연구물 중에서는 가장 짜임새 있게 구성되었다. 특히 동서양의 다양한 문헌조사와 여론조사를 통한 방증, 그리고 더욱 돋보이는 것은 그것을 개인, 부대, 그리고 국가의 3대 영역으로 나누어서 편성했다는 점이다. 이 연구는 연구물로써는 높은 평가를 받을 수 있지만, 실제 교육을 위해서는 새로운 각색의 노력이 요구된다. 즉 어떤 식으로 교육에 있어서 통합적으로 적용할 것인지에 대해서는 아직도 과제로 남아 있다. 왜냐하면, 군 정신교육의 교과서에 해당되는 기본정훈교육을 위한 교육과정의 목차는 관점위주로 군인관, 국가관, 사생관과 같은 가치관 방식으로 되어 있기 때문이다. 따라서 야전지휘자(관)의 현실적인 여건을 고려해 볼 때, 교육 실현 가능성을 생각해 본다면, 연구로서는 훌륭하지만, 교육자료로서는 기대효과가 크지 않다고 본다.

다음으로, 육군본부에 의해 추진되어 현재도 지속되고 있는 '육군 5대 가치'(충성 · 용기 · 책임 · 존중 · 창의)이다. 최초 육군군종감실에서 주축이 되어 연구가 진행되었다가, 육군교육사를 거쳐 보완되었고, 다시 육군차원에서 체계화되어, 전군으로 확산되어 보편화되고 있는 단계이다. 이 연구는 투자한 기간과 정열에 비해 효과가 매우 미진하다고 본다. 이 연구는 그 기획에서부터 상당히 큰 포부를 갖고 추진되었다. 즉 "전 장병 공동으로 추구해야 할 가치", "조직은 물론 개인의 성장과 발전을 촉진할 수 있는 가치" 그리고 "모두가 함께 행동화할 수 있는 실용적 가치"가 무엇인지를 다각적으로 연구하여 상기 덕목을 결정한 것이다.[43] 이 거창한 취지는 많은 선행연구를 무색케 하고 있다. 과연 우리나라 군대가 덕목의 수준이 모자라서 도덕성이 떨어지는가, 아니면 그 덕목의 개수가 부족해서 도덕성이 떨어지는 것인가? 회의감을 느끼지 않을 수 없다. 단언하건대 우리나라의 정신교육은 덕목의 개수는 작지만, "내실 있게, 지속적으로" 추진하지 못한 데 그 가장 큰 부정적인 요인을 갖고 있다.

이에 덕목통합의 입장에서 우리 선조들이 시도한 좋은 전통 하나를 소개하고자 한다. 그것은 바로 『무신수지』이다. 지나치게 덕목을 많이 제시하지 않으면서도, 체계적인 작동 방향을 제시해 주고 있다.

43 국방일보, "육군가치관 구현에 대한 올바른 이해(상)", 2002. 1. 27.

지나친 감정에 치우치지 않으면서, 지적인 역량을 키워나가고자 하는 리더 스스로의 자질함양 방법을 다음 [그림 1]에서 제시해 주고 있다.

[그림 1] 리더의 자질함양 체계도[將才次第圖]

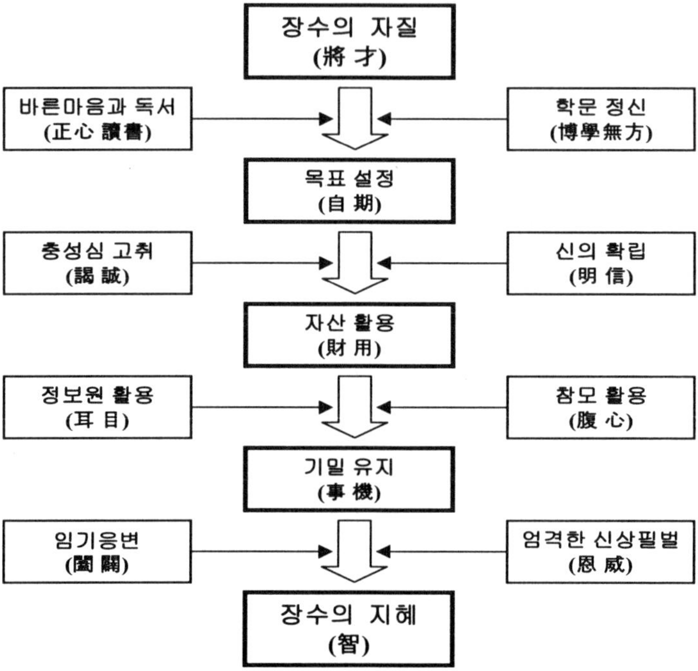

장수의 자질 (將 才)

바른마음과 독서 (正心 讀書) → ↓ ← 학문 정신 (博學無方)

목표 설정 (自 期)

충성심 고취 (謁 誠) → ↓ ← 신의 확립 (明 信)

자산 활용 (財 用)

정보원 활용 (耳 目) → ↓ ← 참모 활용 (腹 心)

기밀 유지 (事 機)

임기응변 (闔 闢) → ↓ ← 엄격한 신상필벌 (恩 威)

장수의 지혜 (智)

출처: 국방부전사편찬위원회(1986[1809]: 88)

주: 초역본의 내용을 현대 상황에 맞게 약간의 수정을 가하여 재역함. 이 그림의 원래명칭은 '將才次第圖'임.

위의 [그림 1]은 현재 우리 군 지휘관이 해야 할 주요기능을 그대로 담고 있다. 즉 현재 우리나라 육군의 지휘관의 주요기능은 다음과 같다. 첫째, 결심수립(상황판단, 임무부여, 전투력 할당), 둘째, 전투준비태세 유지, 셋째, 관리, 넷째, 지휘통솔, 그리고 다섯째, 지도 및 감독이다.[44]

다음 [그림 2]는 [그림 1]에서 리더로서의 자질함양을 토대로, 실제 직무수행을 함에 있어서 어떠한 자세로 임해야 하는지를 제시해 주고 있다. 이는 오늘날 일반학교 및 군 정신교육에 있어서의 방법론적인 한계점을 극복해 줄 수 있는 하나의 대안이 될 수도 있을 것이다. 덕목과 우선순위, 그리고 완급(緩急) 등을 종합적으로 체계화하여 작성된 것이다. 매우 큰 의미가 있다고 본다.

44 육군본부, 『지휘관 및 참모업무』(야전교범 101-1), 2003. 4.

[그림 2] 리더의 직무수행 절차도[經權互施圖]

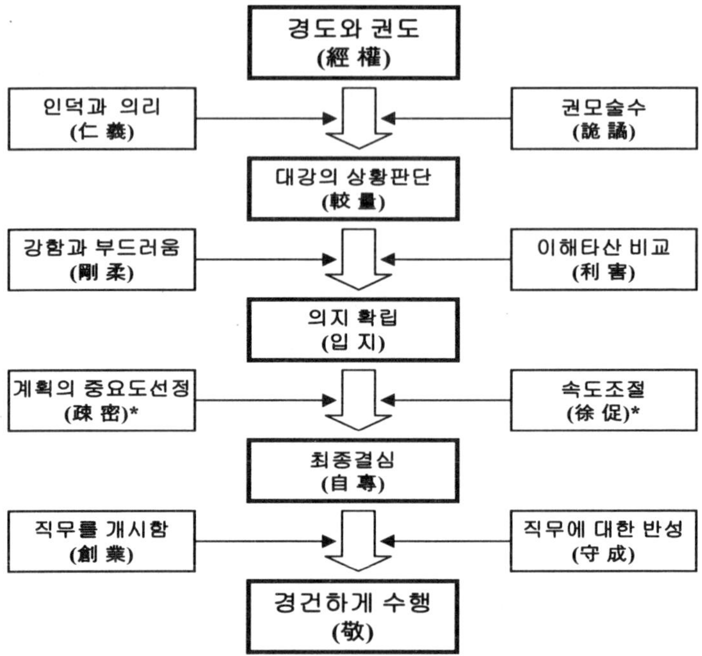

출처: 국방부전사편찬위원회(1986[1809]: 88)

주1) 초역본의 내용을 현대 상황에 맞게 약간의 수정을 가하여 재역함. 이 그림의 원래명칭은 '經權互施圖'임.

2) '*'표시의 '疏密'과 '徐促'은 원문에 위치가 바뀌어 있었으나, 경도와 권도의 성격 자체가 각기 정도(正道)와 기도(奇道)에 해당될 뿐만 아니라 양자간의 중요도를 비교해서, 양자의 위치를 바꾸어 표기함.

요약하자면, 군 리더십에 있어서 지적 · 정의적 · 행동적인 제반요소의 조화는 통합적인 리더십 발휘라고 하는 차원에서 매우 중요하다. 현재 우리 군은 리더십을 위한 제반 덕목의 통합 및 조화있는 운용에 몇 가지 장단점을 가지고 있다.

우선 우리 군 리더십에서의 덕목 통합을 위한 장점으로는, 첫째, 선수학습단계에 해당되는 초-중-고등학교에서 여기에 해당되는 '도덕과' 과목을 이수했다는 점이다. 다른 나라의 경우 필수과목이 아니고, 주로 종교교육 등과 같은 절차를 통해 제반 사회화를 해 나가고 있는 실정이다. 이런 점은 상대적으로 좋은 점이라고 할 수 있다. 둘째, 현재 우리 군은 일반학교에서 안고 있는 통합교육에 대한 단점을 어느정도 상쇄할 수 있는 여건을 구비하고 있다는 점이다. 일반학교에서는 다양한 과목으로 구분되어 있어서 특정 덕목을 구비하기 위해서는 복합적인 노력을 해야만 달성할 수 있다는 단점이 있다.

반면 군 리더십에서의 덕목 통합의 단점은, 군 고위간부들이 덕목을 중시하는 고정관념을 버리지 않고 있다는 점이다. 자칫 이 덕목은 소위 "자기 대에서 무엇 하나 만들어 놓겠다"고 하는 발상에서 비롯되어, 제대로 시행해 보지도 못하고 - 설령 시행한다고 하더라도 그 효과는 미미한 정도인 - 끝나고 말 개연성이 높다. 오히려 "하늘 아래 새로운 것은 없다"든지 "잘 해설하고, 실천하는 것이 중요한 것이지, 작위적으로 만들어내지 말라"(=述而不作)고 하는 가르침을 중요하게 여기는 것이 바람직하다.

결국 군 리더십을 위한 지적, 정의적, 행동적인 요소들에 대한 통합은 새로운 것을 만들어내기보다는 작은 것에서부터 차근차근 실천하는 것이 그 실효성이 나타난다고 하겠다.

제4장

통합인격리더십 사례

1. 대상인물 선정기준

어떤 연구를 위한 대상인물의 선정은 매우 힘든 작업이다. 될 수 있으면 다양하고, 많이 하는 것이 좋을 것이다. 하지만 본 연구는 사실 대상인물의 많고 적음에 대한 관심보다는 과연 전사 속의 리더십 발현의 분석틀로서 '3경 · 3위'의 모델이 적실성이 있는지에 더 많은 관심을 가졌다. 따라서 될 수 있으면 분석의 대상은 최소화하면서, 거기에 기개발한 모델을 적용해보고, 검증하는 방식을 채택하였다.

미국의 전사연구가인 더퓌(T. N. Dupuy, 1999) 대령은 역사상의 명장으로, 여덟 명을 선정한 바 있다. 즉 그들은 알렉산더,[45] 한니

---

45 마케도니아의 왕(재위 BC 336~BC 323). 그리스 · 페르시아 · 인도에 이르는 대제국을 건설하여 그리스 문화와 오리엔트 문화를 융합시킨 새로운 헬레니즘 문화를 이룩하였다. (네이버 지식백과, 2015.6.24. 검색)

발,[46] 시저,[47] 칭기스칸, 구스타프,[48] 프레드리히,[49] 넬슨,[50] 그리고 나

46 카르타고의 장군(BC247~BC183). 기원전 218년 제2차 포에니 전쟁을 일으키고, 이탈리아에 침입하여 로마군을 격파하였다. 그 후 자마(Zama)의 싸움에서 로마군에게 패한 뒤 소아시아에서 자살하였다. (네이버 국어사전, 2015.6.24. 검색)

47 로마 공화정 말기의 정치가이자 장군(BC100.7.12~BC44.3.15). 폼페이우스, 크라수스와 함께 3두 동맹을 맺고 콘술이 되어 민중의 큰 인기를 얻었으며 지방장관으로서는 갈리아전쟁을 수행하였다. 1인 지배자가 되어 각종 사회정책, 역서의 개정 등의 개혁사업을 추진하였으나 브루투스 등에게 암살되었다. (네이버 지식백과, 2015.6.24. 검색)

48 구스타프 아돌프(Gustav Adolphus, 1594~1632)는 열일곱 살 때 왕위를 계승했다. 그는 어릴 때부터 영명(英明)해 부왕 카를 9세는 그를 매우 신뢰했다. 카를 9세가 병상에 쓰러져, 러시아 · 폴란드 · 덴마크의 포위망의 위협이 다가왔을 때도 작은 아돌프의 머리를 쓰다듬으며 "이제 이 아이가 할 것이다"라고 중얼거리곤 했다. 왕위를 이은 아돌프는 아버지의 기대를 저버리지 않았다. 왕위와 함께 이어받은 덴마크와의 전쟁, 러시아와의 항쟁을 뛰어난 외교 수완으로 종결짓고 내정을 개혁하고 국력을 충실히 하는 데 힘썼다. 스웨덴은 인구 100만 명의 자원도 부족한 농업국이었지만 그 병력은 유럽 어느 나라에도 뒤지지 않았다. 보병과 기마의 혼성 전술을 사용해 기동성을 중시한 용병(用兵), 그리고 공성전 병기였던 대포를 처음으로 야전(野戰)에 도입한 것도 그였다. 스웨덴군의 막강함은 폴란드를 상대로 했을 때 입증되었고, 선봉에 선 아돌프는 폴란드 각지에서 싸워 승리를 거머쥐었다. (네이버 지식백과, 2015.6.26. 검색)

49 프레드리히 대왕(Frederick II of Prussia, 재위: 1740~1786)은 1740년부터 1786년까지 재위한 프로이센의 국왕으로, 탁월한 능력으로 큰 업적을 남긴 전형적 계몽전제 군주로 여겨져 '프레드리히 대왕'으로도 불린다. 1740년 즉위 5개월 뒤 오스트리아 황제 카를 5세가 숨지자 슐레지엔의 상속권을 둘러싸고 오스트리아 왕위 계승 전쟁(1740~1748)을 일으켜 슐레지엔을 획득하였다. 그 후 슐레지엔

폴레옹이었다.[51] 이들은 모두 패배의 최소, 승리의 규모, 그리고 점령지역의 광대함 등에 의해 선정된 인물들이다. 이 중에서는 나폴레옹과 칭기스칸을 선정하였다. 대상이 누가 된다고 하더라도 분석의

지역을 놓고 다시 7년(1756~1763) 동안 벌어진 슐레지엔 전쟁(7년 전쟁)에서도 승리하는 등 약 10년 동안 많은 치적을 쌓았다. 산업 정책은 중상주의로 부왕 프레드리히 1세의 통치를 계승하였다. 계몽 전제주의를 신조로 하였으나 본질적으로는 전제 정치였다. 사회 구조는 개혁하지 않았으며, 엄격한 신분간의 구분이 존재하였다. 그는 스스로를 무신론자라고 칭하였으나 종교적으로 관용을 베풀었다. 군비를 강화하여, 그가 사망할 때 군인 수는 19만 5,000명에 달하였고 국세의 2/3가 군비에 쓰였다. (네이버 지식백과, 2015.6.26. 검색)

50 넬슨(Viscount Horatio Nelson, 1758~1805)은 영국의 제독(提督). 노퍽셔(Norfolkshire)에서 출생. 1770년에 해군에 입대하여, 미국 독립 전쟁 때는 영국 함대의 작전에 종사하고(1780), 프랑스 혁명 전쟁 때는 지중해 방면에 전전(1793), 코르시카 점령에 공을 세우고(1794), 오른쪽 눈을 잃었다. 1797년에는 세인트빈센트 해전에서 에스파냐 함대의 격파에 공을 세웠으나 카나리아 제도(諸島)의 테네리페(Tenerife) 공격에서 오른편 팔도 잃었다(1797. 7). 1798년에는 프랑스군의 이집트 상륙을 저지(阻止)하려고 나일강 입구의 아부키르 만(Abukir 灣)에서 격멸, '나일강의 넬슨 남작'이라는 칭호를 받았다(1798). 코펜하겐 공격에 성공, 자작이 되었고(1801) 1803년 프랑스와의 전쟁이 재개되자, 지중해 함대 사령 장관이 되고, 2년간 프랑스 함대를 툴롱에 봉쇄, 나폴레옹의 영국 본토 상륙 작전을 방해했다. 탈출한 빌뇌브의 프랑스 함대를 서인도제도에서 카디스에 쫓고(1805), 트라팔가(Trafalgar)에서 프랑스와 에스파냐 연합 함대를 격멸, 영국의 해상권을 부동(不動)의 것으로 했는데, 그 자신은 빅토리호에서 전사, 런던의 세인트 교회에 장사되었다(1806). 영국 해전 사상 남긴 공적은 불멸의 것으로 전해진다. (네이버 지식백과, 2015.6.26. 검색)

51 Dupuy, 앞의 책, pp.20-21.

정도의 차이는 있겠지만, 아마도 이들에 대한 분석이 더 많은 특징을 보여줄 수 있을 것으로 생각했기 때문에 그렇게 하였다. 여기에 우리 선조 중에는 충무공 이순신을 포함하고자 한다.

2. 인물개요

가. 충무공 이순신[52]

이순신(李舜臣, 자는 汝諧)은 1545년(인종1) 3월 8일(양력 4월 28일) 자시(子時)에 당시의 한성부 건천동에서 출생하였다. 그의 아버지는 고려 때 중랑장(中郞將)을 지낸 덕수(德水) 이씨의 1대 이돈수(李敦守)[53]로부터 내려오는 11대손 정(貞)이며 평민생활을 하는 양반

52 충무공에 대한 기록은 워낙 방대하기 때문에 자료정리가 간단치 않다. 대체로 여기서의 인물개요에 대해서는 박혜일 교수 등의 공동연구결과를 기준으로 정리하였다. 박혜일 외, 『이순신의 일기: 친필초본에서 국역본에 이르기까지』, 서울대학교출판부, 1998, pp.6-14. 일부는 인터넷 자료를 참고하였다. (위키백과)

53 생몰년 미상. 고려 후기의 무신. 가계와 출신지는 자세히 알 수 없다. 1216년(고종 3) 8월부터 1219년(고종 6) 정월까지 거란유종(契丹遺種: 패망한 大遼收國의 거란족 유민)이 고려를 침략하였다. 1218년(고종 5) 9월 고려 삼군(三軍)의 원수 조충(趙冲)이 이끄는 군대가 거란유종을 물리치고, 성주(成州: 평안남도 성천군)에 머물며 남쪽에서 올라오는 여러 도(道)의 지원군을 기다리고 있었다. 경상도 안찰사(按察使) 이적(李勣)이 지휘하는 경상도 부대가 성주로 올라오다가 거란유종과 마주쳐 전진할 수 없게 되었다. 이때 장군 이돈수가 김계봉(金季鳳)과 함께 거란유종의 군대를 격파함으로써 이적이 이끄는 경상도 부대를 맞이하였다. 이어서 이돈수는 이적 휘하의 부대를 안전하게 조충의 고려군 본대에 합류시켰다. 이후 고려군은 거란유종을 크게 무찔러 강동성(江東城)에 고립시키는 데 성공하였다. (네이버 지식백과, 2015.7.1. 검색)

이었고, 어머니는 초계변시(草溪卞氏)였다.

22세에 비로소 무예를 배우기 시작하여 28세 되던 1572년(선조5) 훈련원별과에 응시하였으나 말을 달리다 낙마하여 왼쪽 다리가 부러지는 부상을 입어 등과에 실패하였다. 32세 되던 1576년(선조9) 봄에 식년무과에 출장하여 병과 제4인으로 급제하였다. 등과하고도 그해 12월에야 귀양지로 여기던 함경도 동구비보(董仇非堡)의 권관(權管)[54]으로 부임, 35세 되던 1579년 2월 귀경하여 훈련원[55] 봉사[56]가 되었고, 같은 해 10월에는 충청병사의 막하 군관으로 전임되었다. 이듬해 36세가 되던 1580년(선조13) 7월에 발포 수군만호가 되었다.

이후 세 번의 파직을 겪게 되는데, 그 과정에 대해 간략히 살펴보면 다음과 같다. 첫째 파직은 38세 때였다. 1582년(선조15) 1월 군기경차관(軍器敬差官)[57] 서익(徐益)[58]이 발포에 와서 군기를 보수하지

---

54 조선시대 변경지방 진관(鎭管)의 최하단위인 진보(鎭堡)에 두었던 종9품의 수장(守將)이다. (네이버 지식백과, 2015.7.1. 검색)

55 조선 시대 때, 군사의 시재(試才), 무예의 연습, 병서의 강습을 맡았던 관아. (한컴사전, 2015.6.29. 검색)

56 봉사(奉事)란 조선 시대 때, 관상감·돈녕부·훈련원 따위에 둔 종팔품 벼슬을 말한다. (한컴사전, 2015.6.29. 검색)

57 경차관(敬差官)이란 조선 시대 때, 지방에 임시로 보내던 벼슬로서 주로 전곡(田穀)의 손실을 조사하고 민정을 살폈다. (한컴사전, 2015.6. 29. 검색) 따라서 軍器敬差官이란 병장기 및 군량미 등이 제대로 관리되고 있는지 아니면 이를 빌미로 과도한 세금을 백성들로부터 거두어들이지는 않는지 등

않았다고 무고하였기 때문에 파직되었다.

두 번째 파직은, 42세 때였다. 1582년(선조19) 1월 사복시[59] 주부(司僕侍主簿)[60]에 임명되었으나 북방 오랑캐들의 침입이 있자 16일 만에 다시 함경도로 천거되었다. 또 이듬해 8월에는 녹둔도(鹿屯島, 러시아어: Ноктундо)[61] 둔전관[62]을 겸직하니, 섬이 외롭고 방비가 부실하여 누누이 증병을 청하였으나 북병사(北兵使)[63] 이일(李鎰)[64]은

을 조사하는 역할을 맡은 벼슬이라고 할 수 있다.

58 서익(徐益, 1542~1587)은 조선 중기의 문신으로서, 자는 군수(君受) 호는 만죽(萬竹)·만죽헌(萬竹軒)이다. 1569년(선조 2) 별시 문과에 급제하여 이후 이조좌랑·의주목사 등을 지냈다. 의주목사로 재임할 때 李珥와 정철을 변호하는 소를 올렸다가 파직되기도 하였다. 저서로 『만죽헌집』이 있다. (한컴사전, 2015.6.29. 검색)

59 사복시(司僕寺)란 고려 시대와 조선 시대 때, 궁중의 가마나 말에 관한 일을 맡아보던 관아로서, 태복(太僕) 또는 사어(司馭)라고도 했다. (한컴사전, 2015.6.29. 검색)

60 조선 시대 때, 내의원·사복시·한성부 등 여러 관아(官衙)의 낭관(郎官) 벼슬 중의 하나이다. (한컴사전, 2015.6.29. 검색)

61 조선 시대에 두만강 하구에 있던 섬으로, 17세기 말~19세기 초 사이에 두만강의 퇴적작용으로 인해 강 동쪽의 연해주(러시아 프리모르스키 지방)에 붙어 육지가 되었다. (네이버 지식백과, 2015.7.1. 검색)

62 둔전관(屯田官)이란 주둔병의 군량을 자급하기 위하여 마련되었던 밭이나 각 궁과 관아에 딸렸던 밭을 관리하는 관리를 말한다. (한컴사전, 2015.6.29. 검색)

63 병사(兵使)란 병마절도사(兵馬節度使)를 줄여서 이르는 말이다. 여기서의 북병사란 조선시대 함경도의 북병영(北兵營)에 둔 병마절도사를 말한다. 함경도는 지대가 넓어 3병영(三兵營)으로 나누어, 함흥(咸興) 본병영(本兵營)은 관찰사가

듣지 않았다. 오랑캐의 습격을 당하자 패군의 죄로 하옥, 무고된 이순신은 파직되고 백의종군하였다.

세 번째 파직은, 53세 때였다. 1597년(선조30) 1월 21일 도원수(都元帥)[65] 권율(權慄)[66]이 직접 한산도에 이르러 요시라(要時羅)[67]의 헌

병마절도사를 겸하고, 북청(北靑)의 남병영과 경성(鏡城)의 북병영에는 각각 종2품무관의 병마절도사를 두었다. 병마절도사의 아래로는 우후(虞候)·방어사(防禦使)·첨절제사(僉節制使)·동첨절제사(同僉節制使)·만호(萬戶)·절제도위(節制都尉) 등을 두었는데, 고종 말까지 있었다. (네이버 지식백과, 2015.7.1. 검색)

64 본관 용인(龍仁). 자 중경(重卿). 시호 장양(壯襄). 1558년(명종 13) 무과에 급제, 전라도수군절도사로 있다가, 1583년(선조 16) 이탕개(尼湯介)가 경원(慶源)과 종성(鐘城)에 침입하자 경원부사(慶源府使)가 되어 이를 격퇴하였다. 1586년 이탕개가 재차 회령(會寧)에 침공하자 회령부사(會寧府使)로서 그 본거지를 소탕하는 등 공을 세워 함북병마절도사가 되고 김종서(金宗瑞)의 『제승방략(制勝方略)』을 증보하였다. 1587년 북병사로 있을 때에는 둔전을 경작하던 녹둔도에서 추수를 하다가 여진족의 기습을 받아 패배한 책임을 물어 경흥부사(慶興府使) 이경록(李慶祿)과 조산만호(造山萬戶) 이순신(李舜臣)을 구금하고, 병력을 이끌고 두만강을 건너가 여진족의 근거지에 보복 공격을 가하기도 했다. (네이버 지식백과, 2015.7.1. 검색)

65 도원수란 고려 시대와 조선 시대 때, 전쟁이 났을 때 임시로 군무를 통괄하던 장수를 말한다. 통상 무를 겸비한 문신 중에서 임명되었다. 도원수 제도에 관한 상세한 내용은 저자의 다음 최신 연구 참조: 박균열·이상호, "한국 전통의 도원수 제도 연구", 『민족사상』9(2), 한국민족사상학회, 2015.

66 권율(1537~1599)은 조선 중기의 문신이며 명장이다. 자는 언신(彦愼) 호는 만취당(晩翠堂)·모악(暮嶽)이며, 시호는 충장(忠莊)이다. 1582년 식년 문과에 병과

책대로 출동 대기하라고 명을 전하였으나, 이순신은 그것이 필경 왜군의 간계일 것임이 분명하여 함대의 출동을 자제하였다. 도원수가 육지로 돌아간 지 하루 만에 웅천(熊川)에서 알려오기를 '지난 정월 15일에 왜장 카토오 기요사마(加藤清正)[68]가 장문포(현재의 거제시

로 급제하여 관직에 나갔다. 1592년 임진왜란을 맞아 금산에서 전주로 들어오려는 왜군의 정예 부대를 천여 명의 의군을 이끌고 물리쳐 호남을 지켰다. 1593년 2월 12일, 서울을 수복하기 위한 전략지 행주산성에서 수천의 군사로 3만이 넘는 왜군을 궤멸시키는 대첩을 거두었다. 1599년 노환으로 죽었다. 영의정에 추증되었고, 1604년 선무공신 1등에 영가부원군으로 추봉되었다. (한컴사전, 2015.6.29. 검색)

67 임진왜란 당시 고니시 유키나가 부대에 소속된 무관으로 조선과 명에서 파견한 사신들의 접대와 통역을 담당하였다. 1594년(선조 27) 경상 우병사의 진(鎭)에 드나들면서 거짓 귀순하면서 첩자 활동을 벌였다. 그 뒤 1597년(선조 30) 삼도수군통제사 이순신을 모함하여 하옥되었다. (네이버 지식백과, 2015.7.1. 검색)

68 카토오 기요사마는 1562년 ~ 1611년 임진왜란 당시 왜군의 장수로 조선을 침략한 일본의 무장이다. 도요토미 히데요시 막하에서 무사로 전공을 세우고 영주가 되었다. 임진왜란 때 일본군의 동군을 이끌고 함경도까지 진격하여 선조의 두 왕자인 임해군 진과 순화군 보를 사로잡았다. 그러나 함께 출병한 왜군장수 이시다 미쓰나리(石田三成), 고니시 유키나가와 의견이 맞지 않아 내분을 겪었으며, 명과 일본의 화의교섭에 반대하여 전쟁을 계속하자는 강경 주장을 펼치다가 도요토미의 노여움을 사 1596년 본국으로 소환당했다. 강화회담이 결렬되자 정유재란 때는 다시 출병해 북상을 시도하다가 오히려 울산에서 우리나라의 의병 및 관군에게 포위되어 고전을 치렀다. 귀국 후 도쿠가와 이에야스와 손잡고 세키가와라(関ヶ原) 전투에서 고니시 · 이시다 등 반대세력을 격파, 도쿠가와가 정권을 잡는 데 기여했다. (네이버 지식백과, 2015.7.1. 검색)

장목면 장목리에 있는 성)에 와 닿았다' 하였다. 일본측 기록에는 정월 14일(일본력 13일) 서생포(현재의 울산남쪽)에 상륙한 것으로 되어 있다. 즉 왜장은 도원수가 독전차 한산도에 내려오기 7일이나 이전에 이미 상륙했던 것이다. "왜장을 놓아 주어 나라를 저버렸다"는 치열한 모함으로 파직된 이순신은 군량미 9,914석, 화약4,000근, 재고의 총통 300자루 등 진중의 비품을 신임 통제사(統制使)[69] 원균(元均, 1540~1597)[70]에게 인계한 후, 2월 26일 함거(檻車)에 실려 서울로 압송되어 3월 4일에 투옥되었다. 가혹한 문초 끝에 죽이자는 주장이 분분하였으나, 판중추부사(判中樞府事)[71] 정탁(鄭琢, 1526~1605)[72] 이 올

69 통제사란 3도수군통제사의 줄임말로서, 임진왜란 때 경상 · 전라 · 충청의 삼도 수군을 통솔시키기 위해 둔 군직이다.

70 원균은 조선시대의 무신이다. 임진왜란이 일어나자 옥포해전, 합포해전, 당포해전, 당항포해전, 율포해전, 한산도대첩, 안골포해전, 부산포해전 등에서 이순신과 함께 일본 수군을 무찔렀고 이순신이 파직당하자 수군통제사가 되었다. 칠천량해전에서 일본군의 교란작전에 말려 전사했다. (네이버 지식백과, 2015.7.2. 검색)

71 판중추부사란 조선시대 중추부의 종1품 관직. 정원은 2인이다. 고려시대의 중추원과 달리 조선시대의 중추부는 특정하게 관장하는 일이 없었고, 문무당상관으로서 소임이 없는 사람들을 대우하는 기관이었다. 따라서, 이 곳의 판사도 그들 고유의 담당업무가 없는 것으로 되어 있다. 그러나 실제로는 순장(巡將)으로서 행순(行巡: 순찰)의 임무를 맡는다든가 관찰사나 병마절도사로 겸임되는 등 실질적인 기능을 가지기도 하였다. 특히, 중추부판사는 대신급의 고위관원이 遞職될 때 잠시 임명되는 자리로 활용되었다. (네이버 지식백과, 2015.7.2. 검색)

린 탄원서에 크게 힘입어 도원수 권율 막하에서 백의종군의 하명으로 특사되었다.

72 정탁은 본관이 청주(淸州)이며, 자는 자정(子精), 호는 약포(藥圃)·백곡(栢谷). 예천출신이다. 현감 정원로(鄭元老)의 증손으로, 할아버지는 생원 정교(鄭僑)이고, 아버지는 정이충(鄭以忠)이며, 어머니는 한종걸(韓從傑)의 딸이다. 이황(李滉)과 조식(曺植)의 문인이다. 1552년(명종 7) 성균생원시를 거쳐 1558년 식년문과에 병과로 급제하였다. 1565년 정언을 거쳐 예조정랑·헌납 등을 지냈다. 1568년 춘추관기주관을 겸직하고,『명종실록(明宗實錄)』편찬에 참여하였다. 1572년(선조 5) 이조좌랑이 되고, 이어 도승지·대사성·강원도관찰사 등을 역임하였다. 1581년 대사헌에 올랐으나, 장령 정인홍(鄭仁弘), 지평 박광옥(朴光玉)과 의견이 맞지 않아 사간원의 계청(啓請)으로 이조참판에 전임되었다. 1582년 진하사(進賀使)로 명나라에 갔다가 이듬해 돌아와서 다시 대사헌에 재임되었다. 그 뒤 예조·형조·이조의 판서를 역임하고, 1589년 사은사(謝恩使)로 명나라에 다시 다녀왔다. 1592년 임진왜란이 일어나자 좌찬성으로 왕을 의주까지 호종하였다. 경사(經史)는 물론 천문·지리·상수(象數)·병가(兵家) 등에 이르기까지 정통하였다. 1594년에는 곽재우(郭再祐)·김덕령(金德齡) 등의 명장을 천거하여 전란 중에 공을 세우게 했으며, 이듬해 우의정이 되었다. 1597년 정유재란이 일어나자 72세의 노령으로 스스로 전장에 나가서 군사들의 사기를 앙양시키려고 했으나, 왕이 연로함을 들어 만류하였다. 특히, 이 해 3월에는 옥중의 이순신(李舜臣)을 극력 신구(伸救)하여 죽음을 면하게 하였으며, 수륙병진협공책(水陸倂進挾攻策)을 건의하였다. 1599년 병으로 잠시 귀향했다가 이듬해 좌의정에 승진되고 판중추부사를 거쳐, 1603년 영중추부사에 올랐다. 이듬해 호종공신(扈從功臣) 3등에 녹훈되었으며, 서원부원군(西原府院君)에 봉해졌다. 예천의 도정서원(道正書院)에 제향되었으며, 저서로『약포집』·『용만문견록(龍灣聞見錄)』등이 있다. 시호는 정간(貞簡)이다. (네이버 지식백과, 2015.7.2. 검색)

충무공의 최고의 승리대목은 당신의 죽음 장면이다. 공은 54세, 1598년(선조31) 2월 18일 전라도 고금도(古今島)를 본거지로 선정하여 진영을 건설, 피난민들의 생업을 진작시켰다. 7월 16일에는 명(明)나라 수군도독 진린(陳璘)[73]이 수군 5,000명을 거느리고 도착, 조선 수군과 합세하였다. 8월 19일 도요토미 히데요시(豊臣秀吉, 1536~1598)[74]가 일본 후시미 성에서 사망하자, 왜군은 일제히 철군을 시작

73 진린은 1543년 중국 광동성에서 태어났으며 자는 조작(朝爵)이고 호는 용애(龍厓)이다. 1566년 명나라 세종 때 지휘첨사가 되었다가 탄핵을 받아 물러났다. 임진왜란 때 부총병으로 발탁되었다가 병부상서 石星의 탄핵으로 물러났다가 정유재란 때 다시 발탁되었다. 총병관으로 수병대장을 맡았고 수군 5000명을 이끌고 강진군 고금도에 도착하였다. 진린의 계급은 제독보다 한 단계 아래인 도독(都督)이었다. 이순신과 연합함대를 이루어 싸웠으나 전투에는 소극적이고 공적에는 욕심이 많았던 인물로 알려졌다. 조선 수군에 대한 멸시와 행패가 심해 이순신과 마찰을 일으켰으나 이순신이 세운 전공을 진린에게 양보하자 두사람의 관계가 호전되어 전투에 적극적으로 임하였다. 노량해전에서 이순신과 공동작전을 펼쳐 공적을 세웠다.

74 도요토미 히데요시는 오와리국[尾張國:愛知縣]에서 태어났다. 하급무사인 기노시타 야우에몬[木下彌右衛門]의 아들이다. 젊어서는 기노시타 도키치로[木下藤吉郞]라는 이름을 가지고 있었으며, 29세 이후에는 하시바 히데요시[羽柴秀吉]라고 하였다가, 다이죠다이진[太政大臣], 간파쿠[關白]가 되어 도요토미라는 성을 썼다. 1558년 이후 오다 노부나가[織田信長]의 휘하에서 점차 두각을 나타내어 중용되어 오던 중, 아케치 미쓰히데[明智光秀]의 모반으로 혼노지[本能寺]에서 죽은 오다 노부나가의 원수를 갚고 실권을 장악하였다. 이때부터 다이라[平]씨를 성씨로 사용하였으며 1585년 관백(關白)이 되자 후지와라[藤原]씨로 성을 다

하였다. 순천(順天)에 있던 코니시 유끼나가(小西行長, ?~1600)[75]는 진린과 이순신에게 뇌물을 보내며 퇴각로의 보장을 애걸하였으나, 이순신은 "조각배도 돌려보내지 않는다"(=片帆不返)는 결연한 태도로 이를 완강히 거절했다. 진린 도독과는 의견의 대립이 있었으나, 충무공의 설복으로 합세하게 되었다. 드디어 조명연합함대는 11월 18일 밤 10시경 노량(露梁)으로 진격, 다음날 새벽 2시경, 여러 왜장들이 이끄는 500여척의 적선과 혼전난투의 접근전을 벌이게 되었다. 이 결전의 마지막 고비에 이르러 11월 19일 새벽, 충무공은 독전 중

시 바꾸었다. 도요토미[豊臣]라는 성씨는 1586년부터 사용하였다. 그는 조선과 교류가 있는 대마도주에게 명하여 조선에 명나라 정복을 위한 협조를 요청하였다. 4년 동안 교섭을 진행하였으나 실패로 돌아가자 마침내 1592년 조선을 침공하여 임진왜란을 일으켰다. 나고야[名護屋; 현 가라쓰(唐津) 지역]에 지휘소를 차린 그는 출정군을 9개로 나누어 20만 명이 넘는 수군과 육군을 선두로 부산포를 공격하였고 서울에서 평양까지 파죽지세로 몰아 부쳤다. 승전 보고를 받은 히데요시는 중국 정벌의 꿈에 부풀게 되었고 중국 정복 이후의 계획을 발표하였다. 하지만 겨울이 되면서 전쟁의 어려움이 가중되었고, 명나라 심유경과 고니시 유키나가는 평화교섭을 벌였지만 실패하였다. 이로 인해 이듬해인 1597년 도요토미 히데요시는 다시 군대를 동원하여 정유재란을 일으키지만 고전을 거듭하였고 국력만 소모하는 결과를 낳았다. 정유재란 중 자신의 죽음을 알리지 않고 후시미[伏見] 성에서 질병으로 사망하였다. (네이버 지식백과, 2015.7.1. 검색)

75 코니시 유끼나가는 천주교 신자인 일본의 무장(武將). 도요토미 히데요시의 가신으로 임진왜란 때 선봉을 섰다. 히데요시가 죽은 후 이시다 미쓰나리[石田三成]와 한 패가 되어 도쿠가와 이에야스[德川家康]와 싸웠으나 패하여 피살되었다. (네이버 지식백과, 2015.7.1. 검색)

왼쪽 가슴에 적의 탄환을 맞고 전사하였다.

충무공은 노량 해전에서 전사한 뒤 선무공신 1등관에 추록되고 증 의정부우의정에 추증되고 덕풍군에 추봉되었다가, 광해군 때 다시 증 의정부좌의정에 추증되고 덕풍부원군에 추봉되었고, 1704년(숙종30) 유생들이 발의, 상소하여 1706년(숙종 32) 아산에 현충사가 세워졌다. 몰후 거의 200년이 지난 1793년(정조17) 7월 1일, 정조대왕의 뜻으로 영의정으로 추증, 1795년(정조19)에는 역시 정조대왕의 명에 따라 『이충무공전서』가 규장각 문신인 윤행임(尹行恁, 1762~1801)[76]에 의하여 편찬, 간행되었다. 충무공이 치룬 8대 전투의 개요는 다음 〈표 20〉과 같다.

〈표 20〉 충무공 이순신의 8대 해전사 개요(1)

	언제	누가	어디서	어떻게
옥포 해전	1592.5.4~9	• 적군:50여척(함선구분불명) • 우군:이순신함대39척(거북선1, 판옥선23, 협선15, 포락선46별도), 원균 함대 6척(판옥선4, 협선2)	옥포(거제도), 합포(마산), 적진포(통영군광도면)	연안수색 및 선제기습공격(양익포위)

76 조선 후기의 문신이다. 자는 성보(聖甫)이며, 호는 석재(碩齋)이고, 시호는 문헌(文獻)이다. 1782년(정조 6) 별시 문과에 병과로 급제하여 검열·주서를 거쳐, 초계문신(抄啓文臣)으로 선발되어 규장각대교에 임명되었다. 후에 예조판서·전라도관찰사 등을 역임했다. 당파는 시파(時派)로 분류된다. (한컴사전, 2015.6.29. 검색)

	언제	누가	어디서	어떻게
당항포 해전	1592.5.29~6.9	• 적군:사천(13척), 당포(20여척), 당항포(30척), 율포(7척) • 우군:사천(26척), 당포(26척), 당항포(51척), 율포(51척), 포작선 별도	사천-당포(미륵도)-당항포(고성)-율포(거제도)	• 세력집중(포위섬멸) • 정면공격(유인후 추격격멸)
한산도 해전	1592.7.6.~13.	• 적군:한산도(73척), 안골포(42척) • 우군:전선56척, 포작선56척 별도	견내량 한산도-안골포(진해시 웅천동)	• 정찰 및 탐색, 유인(인출섬포지계), 양익포위 및 각개격파, 추격 및 해상세력 시위
부산포 해전	1592.8.24~9.2	• 적군: 대소함선 500여척 • 우구: 적선81척, 협선90척	장리포(부산시사하구)-물운대-다대포-서생포-송도-부사포	• 정면공격(원거리 기동전) • 先勝而后求戰
웅포 해전	1593.2.7.~3.10	• 적군: 웅포일대 100여척, 웅포내륙진지 1만6천여명 • 우군: 89척(이순신함대42척, 이억기함대40척, 원균함대7척)	웅포(진해시 웅천동)-저도(창원시 귀산면)-청승(통영군 사등면)	• 장기소모전 • 추격 및 퇴로차단작전 • 수륙양면 협공(상륙작전)
제2차 당항포 해전	1593.5.7.~11.1/ 1594.2.7.~3.7	• 적군: 진해만 일대 930여척 • 우군: 전선104척, 협선114척, 합계228척	견내량-당항포-가덕도-거제도를 둘러싼 진해만 일대	• 해로차단/봉쇄작전 • 해상위력시위/장기지구전 • 조우전/선제공격
명량 해전	1597.9.16	• 적군: 133척 • 우군: 13척(거북선: 무)	명량(화원반도와 진도간의 협수로)	• 애로지점 및 장애물 이용 • 국부우세/각개격파 • 추격전
노량 해전	1598.11.18~19	• 적군: 300여척 • 우군: 이순신 함대85척, 진린함대 63척	노량-관음포-유도	• 연합 요격작전 • 추격소탕 및 협격

출처: 이선호(2001: 79-149) 재구성.

〈표 21〉 충무공 이순신의 8대 해전사 개요(2)

	무엇을	왜
옥포 해전	• 전과: 일본함선(대선29, 소선3척) 격파 및 분멸 일본군 6,920명 죽임. 백미 300석외 다수 노획 • 피해: 아군 경상 1명	『선조실록』: "수로를 따라 적선 단을 기습공격하라. 그러면 적은 후방을 염려하게 될 것이니, 이는 훌륭한 전법이다. 다만 군사의 진퇴는 반드시 기회가 있는 것이니 잘못되는 일 없도록 하라." 임진장초장계: "…한번의 죽음을 범의 굴을 곧바로 두들겨 요망한 기운을 쓸어 버림으로써 나라의 부끄러움의 만분의 일이라고 씻으려 한다. …"
당항포 해전	• 전과: 일본함선72척 격파·분멸·나포 및 일본군 10,120죽임. • 피해: 아군 전사자 13자, 부상자 47명	『난중일기』: "공의 꿈에 어떤 머리 흰 늙은이가 공을 발길로 차며 일어나라, 일어나라, 적이 왔다하므로 공이 놀라 일어나 장수들을 이끌고, 노량으로 나갔다."
한산도 해전	• 전과: 한산도(일본 함선59척 격파, 일본군8,990명 죽임), 안골포(일본함선42척 격파, 일본군 3,969명 죽임) • 피해: 전상자 115명, 전사자 19명	『징비록(懲毖錄)』1권: "일본 수군 10만명이 또한 서해를 거쳐 평양에 오고. 이렇게 될 때 내가 알바 아니기는 하나 대왕은 장차 어디로 행차할 것인가?
부산포 해전	• 전과: 확인분멸/격침 34척, 추정분멸/격침 100여척, 도살한 적병력 3,800여명 • 피해: 전사6명, 전상25명	『부산승첩 장계』: "신은 바다와 육지에서 한꺼번에 공격할 계획으로…… 8월 1일 본영 앞바다에 진을 치고 군령을 내렸습니다."
웅포 해전	• 전과: 일본함선51척격침, 일본군 2,500명 사살 • 피해: 전선 2척 망실, 전사 180여명	『장계초본』(선조26년2월17일): "이번에 명나라 군사들이 이미 평양을 수복하고 이긴 기세로 휘몰아가니, 아직 숨이 붙어 있는 흉적들이 서로 뒤이어 도망가고 서울의 적들도 반드시 도망쳐 돌아갈 것이니, 그대는 수군들을 죄다 거느리고 합세하여 쳐무찔러서 한 배도 돌아가지

	무엇을	왜
		못하게 하라."
제2차 당항포 해전	• 전과: 일본함선31척 격침, 일본군9,610명 도살 • 피해: 무	『진왜정장』(陳倭情狀): "… 온 나라 백성들의 통분이 뼈속에 사무쳐 왜적들과는 같은 하늘 아래 살지 않기로 맹세하였다. 이에 각도 합선을 무수히 준비해서 여러 곳에 주박하여 동서가 서로 호응하여 수륙군이 합공, 1척의 적선도 돌아가지 못하게 함으로써 나라의 원수를 갚으려 했다."
명량 해전	• 전과: 일본함선31척 격파 분멸, 92척 반파, 적병력 18,466명 사살 • 피해: 전사자 34명, 전상자 39명	『이충무공전서』(李忠武公全書) 권9, 부록1: "이제 신에게도 아직 전선 12척이 있으니, 죽을 힘을 내어 항거해 싸우면 오히려 할 수는 있는 일입니다. 비록 전선은 적지만 제가 죽지 않는 한 적이 감히 우리를 업신여기지 못할 것입니다."
노량 해전	• 전과: 일본함선 200여척 격파 분멸, 적 병력 5,300명 사살 • 피해: 전선1척분멸, 전사상자 약300명	『正祖 綸音』*(1792년): "오늘이야말로 사생을 결단하는 날이오니 하늘이여 내게 이 적을 무찌를 수 있도록 허락하여 주소서" * 綸音: 詔勅, 詔書 등을 말함

출처: 이선호(2001: 79-149) 재구성.

요약하자면, 충무공 이순신은 바른 신민(臣民)으로 성장하여, 과거시험을 통해 무관이 되었으며, 바른 성품과 공직자로서의 기본덕성을 바탕으로 공직에 나아가서는 의로운 본분을 다하였다. 군의 고급 지휘관으로서는 많은 난관을 겪기도 했지만, 훌륭한 리더십을 발휘하여 부여된 임무를 성공적으로 완수하여 세계해전사상 유례없는 전승을 이끌어 냈다.

나. 칭기스칸

칭기스칸(成吉思汗, 1162~1229)은 자신과 같은 유목민 역사상 가장 완벽하고 가공할 만한 통일을 이룩했다. 그가 태어났을 때, 소규모 몽고 부족장이었던 그의 부친은 그를 테무친이라고 명명하였다. 그의 개인적인 인성은 자신이 소속된 유목이동민족 공동체의 문화에 바탕을 두고 형성되었다. 대체로 농경정착민족 대비 유목이동민족의 사고행태는 다음 〈표 22〉와 같다.

다음의 〈표 22〉에서 보는 바와 같이, 칭기스칸은 집단의 공동체 의식의 뚜렷했으며, 실질적이면서, 생존을 위해서는 상황에 따라 많은 융통성이 보장되어야 함을 체득했을 것으로 추정된다.

칭기스칸이 13세에 부족장 자리를 물려받았을 때, 그는 부족장 자리를 지키기 위해 싸워야만 했다. 신체적으로 그는 자기 부족의 그 누구 못지않게 억세고 용감했으며 수완이 비상했다. 그에게는 확신과 야심과 웅변술이 있었다. 그는 곧 특출한 능력을 발휘해 헌신적인 추종자들을 거느렸고, 보다 큰 통일을 이룩하겠다는 야심을 품고 다양한 부족들을 통합했다. 1206년 44세 때, 부단한 노력과 전투를 통해 여러 부족을 다스리는 칸(khan, 汗)이라는 호칭의 중앙아시아 지배자가 되었고, 그때부터 그는 칭기스칸이라는 이름을 갖게 된 것이다.[77]

77 Montgomery, 『전쟁의 역사II』, p.580.

〈표 22〉 농경정착민족과 유목이동민족의 사고행태의 비교

	농경정착민족	유목이동민족
주거방식	영구적	이동식, 조립식
생업	농업	목축, 수렵
토지	개인소유	공동이용(소유개념없음)
지도체제	국왕, 재상 등 관료제	씨족장, 부족장
법률	법률이 복잡하게 발달	관습법(수십가지에 불과)
학문	인문사회(이념, 사상 중시)	자연과학(기술중시)
상업	천시	존중
사고방식	수직적(상명하복)	수평적(자유로운 토론)
	권위적	창의적
	군림, 착취	서비스, 봉사
종교	유교	샤머니즘
인물평가	출신계급 중시	전투능력중시
지도자 선출	세습	귀족회의에서 선출
조직	혈연, 지연, 학연 중심 조직	전투, 기술 능력 중심 조직
장례	매장(埋葬)	풍장(風葬), 조장(鳥葬)
삶의 방식	삼강오륜(과정이 중요)	약육강식(결과가 중요)
중요한 재산	씨앗(내년농사용)	이동수단(말)
공동의식	혈연, 지연, 학연 의식 강함	협동, 집단의식 강함
	배타적인 집단이기주의	집단전투, 수렵, 유목
이민족에 대한 생각	배타적(혈통주의)	호의적(인종무관)
이교도에 대한 생각	배타적(탄압)	호의적(종교자유)

출처: 김종래(2003: 21)

칭기스칸은 의지력과 가공할 세력으로 유목민들을 통일했고, 보다 나은 보상이 뒤따를 것이라는 희망을 정복민들에게 심어주었다.

그는 모든 유목민들을 전쟁집단으로 조직화했다. 부족들이 칭기스칸에게 충성을 바친 것은 형식적인 것이 아니었다. 각 부족의 우두머리들은 그의 측근으로 봉사했고, 조공을 바쳤으며, 대단한 전투력을 지닌 병력을 바쳤다. 부족들은 천막에서 숙영했고, 각기 목초지를 할당받았다. 칭기스칸은 1206년 자사크(Jasag)라는 공정한 성문법을 공포해, 부족들 내부의 권위를 뒷받침해주었고, 각 개인의 안전을 보장해주었다.[78] 제후 · 장수 · 부족장들은 전쟁을 수행하기 위해 1만 명으로 구성된 가장 강한 부대인 투만(Tourman)의 지휘를 맡거나, 1,000명 또는 100명으로 구성된 부대의 지휘를 맡았다.

투만으로부터 10명으로 구성된 1개종대에 이르기까지 모든 병력 구성은 십진법을 따랐다. 부족장은 휘하병력을 훈련시키는 책임과, 규정에 따라 병사를 무장시키는 책임을 맡았으며, 칭기스칸의 호출

78 이 '자사크'라는 용어는 발음자의 국적에 따라 야사(Yassa)로도 읽혀졌는데, 여기서는 전자로 한다. 대자사크(Yeke Jasag)는 몽고 최고(最古) 성문법전이다. 몽고어로 '자사크'는 금령 · 규칙 · 법이란 뜻이고, '예케'는 크다(大)는 뜻이다. 따라서 예케-자사크, 즉 대자사크는 개별부족의 법령이 아니라 제국 전체에 적용되는 법이라는 뜻이다. 대자사크는 칭기스칸 제국이 출범한 1206년 코릴타의 승인을 거쳐 성립되었다. 대자사크는 낡은 과거를 청산하고 세계제국을 원활하게 통치하기 위해 고쳐야 할 문제들을 나열하고 있다. 하지만 대자사크 특징은 최소로 정해 놓고 최대로 지켜야 하는 데 있다. 규정은 최소화하되 어길 경우 최대한 엄하게 처벌하도록 해 놓았다. 칭기스칸은 단 36개 조항에 불과한 법으로 대제국을 무리없이 통치할 수 있었다. 김종래, 앞의 책, pp.95-96.

에 따라 즉각 전쟁에 참전해야 했다.[79]

요약하자면, 칭기스칸은 부족장의 아들로 태어나서, 부족간의 세력다툼 속에서 권력을 위한 터전을 마련하고, 외부 부족과의 큰 싸움에서 승리함으로써 결정적인 권위를 확보하게 된다. 그리하여 기마민족이 가진 독특한 기동성과 간결성을 토대로 하여 항구적인 기마문화의 터전, 즉 푸른 초원과 기동로 확보를 위해 '규모에 의한 침략'을 계속해서 하게 된다. 칭기스칸의 주요행적의 특징은 생존의 동기에서 출발하여, 군사적 동기로 나아가게 되고, 세계지배의 동기로 나아가게 된다. 이렇듯 칭기스칸은 일련의 전쟁에 있어서 전쟁의 동기 내지 목표를 달리하면서 진행했다. 이것이 칭기스칸이 안고 있는 가장 치명적인 한계점이라고 할 수 있다.

다. 나폴레옹

나폴레옹(Bonaparte Napoleon, 1769~1821)은 코르시카의 한 빈곤한 하류귀족 출신으로, 프랑스 왕비(王費)로 군사교육을 받았고, 1785년에 포병장교로 임관하였다. 그의 나이 겨우 19세이던 1788년~1789년 사이에, 한 포병훈련학교에서 시범부대를 지휘하면서 지적으로 중요한 성장을 경험하였다. 여기서 그는 군사논문을 읽고 실

79 Montgomery, 앞의 책, pp.581-583.

제로 실험도 하면서 군사적 개념의 기초를 착실히 닦았다. 프랑스 혁명[80]과 왕의 추방으로 인해 구체제 하에서 장교 집단을 지배하던

80 프랑스 혁명이란 1789년 7월 14일부터 1794년 7월 28일에 걸쳐 일어난 프랑스의 시민혁명이다. 이 혁명은 사상혁명으로서 시민혁명의 전형이다. 여기서 시민혁명은 부르주아혁명(계급으로서의 시민혁명)만을 의미하지는 않는다. 전국민이 자유로운 개인으로서 자기를 확립하고 평등한 권리를 보유하기 위하여 일어선 혁명이라는 보다 넓은 의미를 포함하고 있다. 혁명의 이념은 계몽사상가인 몽테스키외, 볼테르, 루소, 디드로 등에 의해 약 반세기에 걸쳐 배양되었다. 그 중에서도 특히 루소의 문명에 대한 격렬한 비판과 인민주권론이 혁명사상의 기초가 되었다. 프랑스왕권은 루이 14세(재위: 1643~1715)가 완성한 절대주의 체제에 의해서 여전히 국왕친정과 신권이론(神權理論)을 받들고 국가와 인민 위에 군림을 계속하였다. 신권왕정 밑에서는 모든 국민이 단순히 국왕의 신하에 불과하다. 그 위에 소수의 귀족 · 성직자들만이 별도의 특권신분을 구성하고, 국민의 90%를 차지한 평민층의 근로와 납세에 기생하면서 우아하고 무위한 생활을 보내고 있었다. 모순은 처음부터 누구의 눈에도 명백하였다. 그러한 과정에서 루이 16세(재위: 1774~1792)의 정부는 미국독립혁명을 지원한 군사비 때문에 재정궁핍에 빠졌다. 재정총감 칼론은 1787년 2월에 명사회(名士會)를 소집하고, 특권신분에게도 과세하는 '임시지조'(臨時地租)를 제안하였다. 이에 대항하여 귀족 · 성직자들은 국왕을 뒷받침하던 사법관료의 핵심인 파리 고등법원과 결탁하고 고등법원이 가진 법령심사권한을 이용해서 왕정고문부의 재정안(財政案)에 저항하였다. 이렇게 왕권 내부에서 투쟁하는 사이에 재정총감 칼론과 그 후임자 브리엔이 실각하고, 1788년 8월에 네케르가 재차 재정총감으로 기용되었다. 네케르는 고등법원의 요구를 받아들여, 1614년 이래 열리지 않았던 전국 삼부회를 다음해에 소집할 것을 국민에게 약속하였다. (네이버 지식백과, 2015.6.26. 검색)

대부분의 귀족들은 해임되었고 나폴레옹과 같이 가난하지만 야심만만한 장교들에게 커다란 기회가 열리게 되었다.[81]

나폴레옹이 실제 전쟁을 수행했었던 특징은 다음과 같이 정리할 수 있다.

첫째, 나폴레옹은 승리 자체를 위한 승리 전쟁을 수행했다. 예전의 전쟁에서 승리란 종종 그 이점이 불분명했다. 어떤 군대가 적을 섬멸시켰다고 해서 반드시 도시나 항구를 얻게 되지도 않았다. 물론 패배한 상대는 군사를 잃게 되지만, 그렇다고 해서 그것이 꼭 아군의 이득이라고 하기는 어려웠다. 구체제 하에서 군대란 그 자체로 귀중한 재산이었다. 귀족들로 구성된 장교군단은 글자 그대로 대체 불가능한 것이었으며, 따라서 결코 무모하게 희생될 수는 없는 노릇이었다. 비용이 많이 드는 훈련을 받은 전문가들인 장교들은 역시 비용이 많이 드는 용병들을 지휘했다. 소중한 영토를 방어하는 것뿐 아니라 소중한 자신들을 지키는 것 역시 이런 군대의 목표였다.

그런데 혁명이 이 모든 것을 바꾸어놓았다. 새로운 군대는 유럽의 모든 섭정들이 공격해오는 것에 대항하기 위해 일반 서민들을 징병하여 만들어진 '무장한 인민들'이었다. 이 군대의 목표는 더 이상 진지를 지키는 것이 아니라, 자기 자신의 목숨을 비롯해 어떤 희생

81 Bevin Alexander, 김형배 역, 『위대한 장군들은 어떻게 승리하였는가』, 홍익출판사, 2000, p.141.

을 치르고서라도 공격해오는 적들을 섬멸하는 것이었다. 그래서 클라우제비츠(Carl von Clausewitz, 1780~1831)[82]는 이 시기 프랑스인들이 '정치적 광신주의'에 몰입해 있었다고 쓴 것이다. 이제 귀족의 자제가 아니라 부르주아지나 인텔리 계층의 유능한 사내들이 장교직을 수행했다.[83]

둘째, 나폴레옹은 전격작전을 수행했다. 18세기까지 전쟁의 기술은 진형, 진지 구축, 전개 등을 꾸미는 정교한 예술 같은 것이었다.

---

82 클라우제비츠는 부르크에서 태어났다. 중부 독일의 관리 집안에서 태어나 12세 때 군대에 들어갔고, 1801~1803년 사관학교에서 샤른호르스트에게서 병학(兵學)을 배웠다. 프랑스 혁명에의 간섭전쟁(干涉戰爭) 때는 프로이센군의 사관으로서 활약하였다. 예나의 패전 후에 슈타인의 프로이센 개혁이 시작되자 샤른호르스트를 중심으로 하는 군제개혁자 서클에 가입하였다. 1812년에는 프랑스와 동맹을 맺은 프로이센에서 도망쳐서 동지와 함께 러시아군에 투항하여 나폴레옹으로부터의 해방전쟁(解放戰爭)에 진력하였다. 1815년 프로이센왕으로부터 귀국을 허락받고 사관학교 교관과 군사행정관으로 활동하였다. 1818~1830년 육군대학교장, 1830년 포병감(砲兵監)을 지낸 후 그나이제나우 장군 휘하의 참모장을 역임하고, 콜레라에 걸려 급사(急死)하였다. 그의 사후에 간행된 저서 『전쟁론』(Vom Kriege)은 이 시대의 전쟁경험에 기초를 둔 고전적인 전쟁철학으로 不朽의 가치를 지니고 있다. '전쟁은 정치적 수단과는 다른 수단으로 계속되는 정치에 불과하다'고 한 유명한 말은 군사지도부에 대한 정치지도부의 우월성을 설파한 것이며, N. 레닌 등에게도 깊은 영향을 주었다. (네이버 지식백과, 2015.7.2. 검색)

83 Garry Wills, 곽동훈 역, 『시대를 움직인 16인의 리더』, 작가정신, 2000, pp.159-160.

전장에서 교전에 임하는 군대는 전투 목적을 쟁취하기 위해 세심하게 배치되었다. 이때 전투 목적이란 병참선 확보, 통신망 유지, 핵심 영지 방어, 상대편의 선택된 목표물 위협 등이었다. 다시 말하자면, 그 목적은 병력과 장비라는 귀중한 자원들 간의 실제 충돌을 무릅쓸 만큼 가치가 있는 것에 한했다. 나폴레옹은 목표물들에 대한 거의 무차별적인 공격을 통해 이 모든 것을 단숨에 파괴해버렸다. 그전까지 대부분의 장군들은 빠른 전투를 기피하도록 교육받았으나, 나폴레옹은 바로 그것을 추구했다. 즉 "일단 싸우고 나서 주위를 둘러보라"는 것이었다.[84]

셋째, 나폴레옹은 보급의 경제성을 확보했다. 나폴레옹은 리구리아 해안에 갇힌 헐벗고 굶주린 부하들에게 롬바르디아 평원에는 음식과 신발 그리고 옷이 그들을 기다리고 있다고 말했다. 그들이 빨리 평원으로 내려갈수록 궁핍에서 벗어나는 것도 빠르다는 것이다. 병사들이 보상을 얻기 위해서는 적들을 뚫고 지나가야 했다. 나폴레옹의 기동성은 많은 경우 병참선과는 상관없는 보급을 추구한 때문으로 이해된다. 이에 따라 그들의 부대는 '징발'과 약탈에서 무자비한 양태를 보이게 되었다. 이 역시 혁명 정치학에 뿌리를 두고 있는

---

84 Hans Delbrück, *History of the Art of War Within the Framework of Political History*, vol. 4, The Dawn of Modern Warfare, trans., Walter J. Renfroe, Jr., Greenwood Press, 1985, pp.422, 427-428, 431, Wills, 앞의 책, p.161 재인용.

것이었다. 구(舊)체제하에서 싸우던 군대는 용병들이 귀족들의 통제를 벗어날까봐 약탈을 기피했다. 주군들이 용병들의 활약에 따라 서로 합의한 보상을 제공하는 것이 규율의 기본이었던 것이다. 하지만 혁명군은 인민의 이름으로 싸웠고 인민의 물품으로 생활했다. 징병으로 군인이 된 그들은 농가에서 곡식과 닭을 징발하고, 병기고에서 무기를 약탈하는 것을 조금도 주저하지 않았다.[85]

넷째, 나폴레옹은 아군이 수적으로 우세할 때에만 싸웠다. 리구리아[86] 전투에서 오스트리아군과 사르디니아군은 그 둘을 합치면 나폴레옹의 군대보다 숫자가 많았다. 하지만 각각의 교전에서 나폴레옹은 자신의 부대가 수적으로 앞설 때만 공격을 가했다. 그 후 사르디니아[87]군과 오스트리아군이 갈라지자, 그는 세 군사력 중 가장 수적으로 앞서게 되었다.[88]

다섯째, 나폴레옹은 전쟁수행 절차를 단순화시켰다. 나폴레옹은 각 교전에서 압조적인 병력을 유지하려고 했기 때문에, 위장 · 매복 · 협공 · 복합전개 등으로 병력을 분산시키는 것을 싫어했다.

그는 행동에 여러 가지 제약이 가해진다는 같은 이유로 장기계획

85 Wills, 앞의 책, p.162.

86 오늘날 이탈리아의 리구리아주(州)에 해당된다. 1797년 프랑스가 제노바 연안 지역에 세운 위성국가로 1805년까지 지속되었다.

87 이탈리아어로는 사르데냐(Sardegna)로 발음된다.

88 Wills, 앞의 책, p.162.

을 세우지 않았다. 장기계획은 교전 중에 벌어지는 새로운 상황을 유리하게 이용할 수 있는 즉흥적인 조치들을 어렵게 만들기 때문이었다. 나폴레옹은 항상 어떤 목표물이라도 공격할 태세를 갖추었고, 예상치 못한 적들의 포화를 빠져나왔으며, '한눈에 파악하는 능력'으로 다음 교전 지점을 선택했다. 전쟁 중의 우연한 사건들은 예정된 계획을 방해할 수 있지만, 잘 이용하면 오히려 기회가 될 수도 있다. 그것을 잘 아는 지휘관은 마찰 역시 유리하게 이용하는 것이다.[89]

여섯째, 나폴레옹은 끊임없이 이동하면서 전투를 수행하고자 했다. 예전의 전쟁은 정적인 상태를 지향했다. 그래서 군대 역시 정적인 상태를 반영하고 있었다. 군대는 기회만 있으면 요새를 구축하려 했다. 즉 식수공급선 확보, 진지 구축, 막사 건설 등을 통해 강력한 방어기지를 만들어내려 했다. 그리고 물론 다시 행진을 시작하기 전에는 필요한 모든 요소들을 완비하려 했다. 같은 이유로 전장에 있는 군대는 일단 강력한 진지를 구축하면 가능한 한 오랫동안 그 자리를 지켰다.[90]

끝으로, 나폴레옹은 내선위치 전략(central position strategy) 을 구사했다. 즉 서로 지원 가능한 거리에 있는 둘 이상의 적 부대 사이로 기동하여, 둘 중 한쪽이 손을 쓰기 전에 다른 한쪽을 무찌르는 것이

89 위의 책, pp.162-163.
90 위의 책, p.163.

다. 이 방법을 통해서 나폴레옹은 비록 적보다 총병력 수에서는 현저히 열세임에도 불구하고, 각각의 상대방 병력에 대해서는 언제나 우세한 힘을 집결시킬 수 있었다.[91]

요약하자면, 나폴레옹은 가난한 집안환경과 명석한 두뇌로 급변하는 프랑스대혁명의 와중에서 성공한 인물이다. 그는 매우 뛰어난 두뇌를 바탕으로 세계사적인 전쟁의 흐름을 간파하고, 동시대에 적합한 전술적 발전을 가져와서, 부여된 임무를 충실히 완수한다. 그의 군사전술의 특징은 경제적 전투라고 요약할 수 있다. 그러다가 정치적 야심으로 황제가 되기도 한다. 그는 여기서 멈추지 않고, 자신이 원래 추구해왔던 군사적 지휘관의 스타일을 황제로서 해야 할 제국경영에도 적용하려고 했다. 그의 군사적 특징이라고 할 수 있는 경제적 군사작전은 그 규모면에 있어서 국가수준에는 적합하지 않았다. 물론 자신이 갖고 있던 군사지휘관으로서의 명성으로 인해 겨우 그 전승의 명맥은 이어나갈 수 있었다. 결국에는 정치와 군사를 구분하지 못하고 동일 선상에서 통치하려고 했기 때문에, 그는 적어도 군사분야에 있어서는 국지적으로 승리한 장군일 수는 있으나, 총체적으로 볼 때, 실패한 인물이라고 할 수 있다.

91 Alexander, 앞의 책, pp.174-175.

3. 충무공 이순신의 리더십

가. 3경 측면에서의 리더십

1) 통솔자 정신

충무공 이순신은 고급지휘관으로서 역사상 유례가 없을 정도로 완벽한 전쟁지도와 전승을 가져왔다. 이는 지휘관으로서의 분명한 자기철학과 맡은 바 직무에 능통했음을 반증해 주고 있다.

다음은 충무공의 통솔자로서의 리더십에 대한 특징이다.

첫째, 충무공은 전쟁 승리의 냄새를 맡을 수 있는 지휘관이었다. 즉 충무공은 전쟁을 지도하는 통솔자로서 전쟁 승리의 강한 확신을 가지고 있었다. "내가 가면 반드시 이긴다"라고 하는 확신을 갖고 있었기 때문에 세계전사상 가장 불리한 여건과 가장 불리한 무기로 전승을 가져왔다. 이것은 곧 "이길만한 전쟁만을 골라서 싸우는 전투"가 아니라 "이겨놓고 싸우는 전투"를 행했던 것이다. 이러한 강한 승리에 대한 자신감은 수군폐지의 왕명도 설득시켰다. 다음은 그 관련 대목이다.

당시 도원수 권율의 휘하에서 종군하고 있던 이순신은 기병 10여기를 거느리고 순천부의 해안으로 달려가 전선 10여 척을 마련하고 도망하였던 군사 수백 명을 다시 불러 모았다. 이순신은 이들을 이끌고 싸워 난도(蘭島)에서 왜적을 패퇴시켰다. 조정에서는 이순신의 수군이 너무 허약함을 염려하여 수전을 포기하고 육전을 도우라고 명령을 내렸다.[92]

둘째, 충무공은 전투에 임해서는 엄중한 군율로써 지휘하였다. 다음은 그 관련대목이다.

격전 중에 거제현령 안위(安衛)가 뱃머리를 돌려 물러나려고 하자, 이순신은 뱃머리에 서서 독전(督戰)하다가 전령을 보내어 안위의 목을 베어 오라고 명령하였다. 이에 놀란 안위는 배를 전진시켜 결사적으로 왜적을 공격하였다.[93]

셋째, 충무공은 민군통합의 전쟁준비태세를 훌륭히 강구하였다. 다음은 그 관련대목이다.

… 이때 호남지방의 피난민들이 타고 온 선박 1백여 척이 여러 섬에 흩어져 정박해 있었는데, 이순신은 이들을 집결시켜 수군의 뒤에 벌려 세워 성세(聲勢)를 돕게 하고, 자신은 10여 척의 전선을 이끌고 출전하여 진도의 벽파정(碧波亭) 아래에서 왜적을 만나 싸웠다.[94](강조: 저자)

92 국방부전사편찬위원회(1987b: 250)

93 위의 책, p.251.

94 위의 책, p.251.

… 육지에서는 곳곳에서 전투가 치열하게 벌어지고 있어서 식량을 수송해 올 수가 없었다. 군중에서 이를 염려하자, 이순신은 격문을 지어 피난선들에 돌렸다. 이에 피난선들이 앞을 다투어 식량과 의복 등을 수송해 왔으며, 이들의 협조로 군사들이 배부르고 따뜻하게 지낼 수 있었다.[95]

넷째, 충무공은 고급지휘관으로서 원칙만을 고집하지 않고, 상황에 따라서는 대의(大義)를 위해 원칙준수의 탄력적인 융통성을 보여주기도 했다. 다음은 그 관련 대목이다.

이순신은 모친상 중에 중책을 맡아 싸움터에 나섰으나, 상중과 똑같이 소식(素食)을 하였다. 그런 가운데에서 그는 작전계획을 세우고 군사를 지휘하느라 밤에 잠을 제대로 자지 못하니, 그의 모습은 매우 수척해졌다. 선조는 특별히 사신을 그에게 보내어, '몸을 생각하여 권도(權道)를 따르라'고 권하고 맛있는 음식을 하사하니, 이순신은 하는 수 없이 눈물을 흘리며 받아먹었다.[96]

다섯째, 충무공은 고급지휘관으로서 연합작전 수행시 우리의 민간인을 보호하고, 상대국의 범죄시 처벌할 수 있는 권한을 확보하였다. 현재 한국과 미국간의 주둔군지위협정(SOFA: The ROK-US

95 위의 책, p.252.
96 위의 책, p.252.

Agreement on Status of Force in Korea)[97]을 생각해 보면, 시사하는 바가 크다. 다음은 그 관련 대목이다.

97 이 협정은 두 단계의 명칭 발전을 거친다. 우선 첫 번째는 1950년 7월 12일 임시수도 대전에서 한국정부와 주한 미국대사간에 서한교환에 의하여 '재한 미국군대의 관할권에 관한 한미협정', 이른바 '대전협정'을 말한다. 그 뒤 1966년 7월 9일 대전협정의 불평등성을 제거하고, 내용 보완을 통해 1951년 서울에서 새로운 군대지위협정을 체결하였다. 군대지위협정의 정식명칭은 '대한민국과 아메리카합중국간의 상호방위조약 제4조에 의한 시설과 구역 및 대한민국에서의 합중국군대의 지위에 관한 협정'이다. 이를 일컬어 한미행정협정이라 하고 있다. 협정의 내용은 대체로 나토협정이나 미일협정과 같다. 즉, 한국 측은 미국의 안전이나 재산에 관한 범죄, 미국의 군대 구성원 군속 및 그들의 가족의 신체나 재산에 관한 범죄, 공무상의 범죄를 제외한 모든 범죄에 대해서 제1차적 재판관할권을 가지고 있다. 그러나 부속문서(합의의사록, 합의양해사항, 교환서한)에 따라 한국은 미국을 위하여 이러한 제1차적 권리를 포괄적으로 포기하고 있으며, 다만 한국의 재판권 행사가 특히 중요하다고 결정하여 법무부장관이 사건발생일 또는 사건발생을 알게 된 날로부터 15일 이내에 미군당국에 통고할 때에만 그 사건에 대한 재판권을 행사할 수 있게 되어 있다. 그리고 나토협정과 미일협정에서는 파견국 군대의 구성원 및 군속의 가족은 협정의 적용을 받지 않도록 되어 있는 데 반하여, 한미행정협정에서는 가족도 협정의 적용을 받도록 되어 있다. 주한미군의 법적지위에 대하여 이와 같은 특권을 부여하는 것은 정치적 시각에서는 용인될 수 있을지 모르겠지만, 한국 사회 일각에서는 이 협정의 불평등성을 지적하고 개정의 필요성을 지속적으로 주장하고 있다. (네이버 지식백과, 2015.7.1. 검색)(내용 일부 축소 · 수정)

명나라 도독 진린이 수군 5천 명을 거느리고 조선으로 왔다. 그는 사람됨이 사납고 오만하였다. 선조는 이순신에게 은밀히 사람을 보내어 그를 잘 대접하라고 당부하였다. 이순신은 성대한 의식을 갖추어 먼 섬까지 나가서 진린을 맞이하고, 그들이 고금도에 도착하는 즉시 큰 잔치를 베풀어 줌으로써 명나라 군사들을 흡족하게 대접하였다.

그러나 명나라 군사들이 민간에서 약탈을 자행하였으므로, 백성들이 크게 소란하였다. **이순신은 군사들로 하여금 민간의 가옥을 모두 헐어버리게 하고 가재들을 상자에 담아 배에 싣게 하였다.** 진린은 이를 보고 이상하게 여겨 사람을 보내어 이순신에게 그 까닭을 물었다. 이순신은 다음과 같이 대답하였다. "우리들은 천병(天兵: 명나라군)이 오자, 부모처럼 우러러보았는데, 포악한 약탈만 당하였다. 그러니 모두 견딜 수 없어 피하여 달아나려고 한다. 나는 대장으로서 이곳에 혼자 머물러 있을 수 없으므로 곧 다른 섬으로 옮겨가려는 것이다." 진린은 이 말을 듣고 크게 부끄럽고 두렵게 생각하여 이순신에게 잘못을 사과하고 만류하였다. … 이에 이순신은 단호하게 말하였다. "**천병이 우리나라 사람을 노예처럼 부리려고 하고 있으니, 제가 마음대로 그것을 금지하게 할 수 있도록 도독께서 허락해 주십시오.** 그러면 두 나라 군대 사이에 아무런 일이 없이 잘 지낼 수 있을 것입니다." 진린은 이를 허락하였다. 그 이후로 명나라 군사들이 법을 어기면 이순신은 즉시 엄형으로 다스렸다. 이리하여 섬은 마침내 안정되었다.[98](강조: 저자)

98 국방부전사편찬위원회(1987b), 앞의 책, p.253.

2) 부하정신

이와 같이 충무공 이순신은 고급지휘관으로서 매우 높은 수준의 역량을 발휘하였다. 뿐만 아니라 충무공은 부하로서 상관에게도 리더로서의 품위를 유지하고, 예를 깍듯이 하였으며, 불의를 보고는 지나치지 않고 바른 언행으로 간한 강직한 품성을 보였다.

첫째, 충무공은 부하된 자로서 항상 자기규율(self regulation)이 탁월했다. 『난중일기』(亂中日記)를 기록한 자체가 그 단적인 예이다.

보통의 사람들이 그러하듯이 자신이 쓴 일기를 누구에게 보여주기 위해서 쓰지 않는다. 자기 스스로의 반성을 위해서 작성하는 것이다. 충무공은 임금의 부하임을 항상 잊지 않았고, 백성들을 위한 공직자라는 생각을 망각하지 않고서, 자기의 모든 행동을 항상 절도있게 하였던 것이다.

둘째, 충무공은 부하된 자로서 처세에 항상 조심스러웠다. 다음은 그 관련 대목이다.

> 이순신은 선조 9년 병자(丙子, 1576)에 무과에 급제하였으나, 등용에 대한 청탁을 하지 않았으므로 급제한 지 오랜 뒤에 권지훈련원 봉사(權知訓練院奉事)가 되었다. 당시 병조판서 김귀영(金貴榮)이 서녀(庶女)를 두고 있었다. 김귀영은 이순신의 인품을 알고 자기의 서녀를 그의 첩으로 주려고 하였다. 그러나 이순신은 이를 사양하였다. "내 처음으로 벼슬길에 올랐으니, 어찌 권세있는 가문에 장가를 들겠는가?"[99]

셋째, 충무공은 부하된 자로서 처세에 있어서 공직자로서의 기본 원칙을 준수하였다. 다음은 그 관련 대목이다.

경진년(庚辰年, 1580)에 이순신은 발포 만호(鉢浦萬戶)가 되었다. 이때 그의 직속상관인 수사(水使)가 발포 만호의 관사 뜰에 있는 오동나무를 베어다가 거문고를 만들려고 하였다. 이순신은 오동나무를 베어 달라는 성부의 요청을 거절하였다. 성부는 화가 났으나, 끝내 오동나무를 베어가지는 못하였다.[100]

넷째, 충무공은 부하된 자로서 한 번 상관은 영원한 상관으로 따르고자 했다. 이는 의리를 존중하고자 했던 충무공의 개인적인 품성과도 연결된다. 다음은 그 관련 대목이다.

충무공은 기축년(己丑年, 1589) 정읍 현감에 임명되었다. 이때 전라도사(都事) 조대중(曺大中)[101]이 정여립(鄭汝立, 1546~1589)[102]의 역모

99 위의 책, p.241.

100 위의 책, p.242. 이 책에서 수사의 이름을 '성부'라고 하고 있는데 다른 자료에는 '성박'이라고 한다. 한국학중앙연구원의 한국역대인물 종합정보시스템(http://people.aks.ac.kr/index.aks)에 의하면, 한자이름은 成鎛이며, 본관은 昌寧이고, 자는 흡여(翕如)이며, 1571년(선조4)에 태어났다.

101 조대중(1549~1590)은 조선 중기의 문신이다. 자는 화우(和宇)이고 호는 정곡(鼎谷)이다. 이황의 문인으로, 1582년 식년 문과에 병과로 급제하였다. 1589년 전라도도사로 지방을 순시하던 중 보성에 이르러 부안에서 데려온 관기와 이별

사건에 연루되어 구속되었다. 이 역모 사건의 수사를 맡았던 의금부도사가 조대중의 문서를 조사하다가 이순신의 서찰을 발견하고, 이순신에게 그 서찰을 몰래 빼내어 없애 버리겠다고 말하였다. 그 말을 들은 이순신은 의금부도사의 호의를 달갑게 받아들이지 않았다. "내가 조대중에게 보낸 글에는 별다른 뜻이 담긴 것이 없으며, 또 이기 그 글이 발견되었으니 있는 그대로 보고하여 처리해야 할 것이다."라고 말했다. 이순신은 조대중과 주고받은 서찰은 그 후 별다른 문제가 되지 않았다. 조대중이 처형되어 그의 영구가 정읍을 지나가게 되자, 이순신은 제물을 마련하여 애도의 뜻을 표하였다. "그가 자기 죄상에 대하여 불복을 하고 죽었으니, 그가 정말 그러한 죄를 지었는지는 알 수 없는 일이다. 그가 잠깐 동안이라도 본도의 도사를 지냈으니, 내가 어찌 모르는 체할 수 있겠는가?"라고 했다. 정승인 정언신(鄭彦臣) 역시 정여립의 친척이라 하여 감옥에 갇혀 있었는데, 마침 이순신은 공무로 서울에 올라갔다가 그 사실을 알고, 정언신이 옛날 자기의 직속상관이었다 하여 감옥으로 그를 찾아가 문안을 드렸다. 그 당시 모든 사람들

하며 눈물을 흘렸는데, 이것이 당시 반란음모로 처형된 정여립의 죽음을 슬퍼한 것으로 오해되어, 정여립의 일파로 몰려 국문을 받다가 이듬해 장살(杖殺)되었다. (한컴사전, 2015.6.29. 검색)

102 정여립은 조선 중기의 사상가, 정치가이다. 자는 인백(仁伯). 경서 · 사기 · 제자백가서에 통달하였고, 서인이었다가 修撰을 지내며 동인 측으로 돌아선 뒤, 벼슬에서 물러났다. 이후 大同契를 조직하여 세력을 전국적으로 확장하며 역모를 꾀하다가, 발각되어 자살하였는데, 이 己丑獄事(1589)로 동인이 많이 제거되어, 동인의 정치권은 큰 타격을 받았다. 이를 정여립의 역모 사건이라고 한다. (한컴사전, 2015.6.29. 검색)

은 이순신의 그러한 행동을 의롭게 여겼다.[103]

다섯째, 충무공은 스스로 왕과 국가의 부름을 받은 몸임을 항상 잊지 않고, 겸손했다. 다음은 관련 대목이다.

> [1595년 5월 29일. 辛丑] 비바람이 그치지 않고 종일 퍼부었다. 사직의 위엄과 영험에 힘입어 겨우 조그마한 공로를 세웠는데, 임금님의 총애를 받은 영광이 너무 커서 분에 넘친다. 장수의 직책을 띤 몸으로 티끌만한 공로도 바치지 못했으며, 입으로 교서를 외우지만 얼굴에는 군인으로서의 부끄러움이 있을 뿐이다.[104]

3) 동료의식

충무공 이순신은 리더이면서도 동료들에 대한 기본 도리를 잊지 않았다.

첫째, 충무공은 단결의 리더십을 발휘했다. 당시 명나라의 지원군은 실질적인 전투를 하여 공적을 세우기보다는 대일본 심리전 효과가 더 컸다고 할 수 있다. 즉 명나라의 지원이 있기 때문에 더 이상의 확전이 있을 경우 일본은 조·명 동맹관계를 결코 쉽게 생각하지

---

103 국방부전사편찬위원회(1987b), 앞의 책, p.244.

104 이순신, 최두환 역, 『난중일기』, 학민사, 1996, p.219.

는 못하는 형국이었다. 충무공은 이러한 상황을 잘 알고 명나라의 명분을 높여주면서도, 부하의 공은 인정해 주고, 총체적으로는 국가 간의 단결, 부대 내의 단결의 리더십을 발휘할 수 있었다. 그 관련 대목은 다음과 같다.

> 녹도만호(鹿島萬戶) 송여종(宋汝悰, 1553~1609)[105]이 명나라 군사들과 함께 출전하였는데, 송여종의 부대는 적선 6척을 노획하고 적 70명의 목을 베었으나, 명군은 전과가 하나도 없었다. 마침 진린이 이순신과 더불어 연회를 열고 있다가 이 보고를 받고는 부끄러워하며 화를 내었다. 이순신은 이렇게 제의하였다. **“도독께서 이곳에 오시어 우리**

---

105 원래 이 인용 책자에서 한자 이름은 ‘宋汝棕’로 되어 있으나, 五行의 원리에 안 맞으므로 다른 자료를 참고하여 ‘宋汝悰’로 표기한다. 송여종은 조선 중기의 무신이다. 자는 언온(彦蘊)이다. 본관은 여산(礪山). 자는 언온(彦蘊). 아버지는 찰방 창(昌)이다. 무예를 익히고 향시에 합격하였으나 대과에 여러 차례 실패하였다. 1592년(선조 25) 임진왜란이 일어나자 樂安郡守 申浩의 막료로서 종군하였다. 전라좌수사 이순신을 따라 한산도싸움에서 무공을 세웠다. 또 왕에게 올리는 이순신의 보고문을 가지고 밤새 적진 사이를 돌파하여 行在所에 이른 공으로 술잔을 하사받고 鹿島萬戶에 임명되었다. 1594년 무과에 급제하였다. 1597년 元均의 휘하에 있다가 한산도에서 패전하였지만, 이순신이 삼도수군통제사로 다시 기용되자 그의 휘하에서 여러 번 전공을 세웠다. 이듬해 녹도만호로서 조·명연합군과 함께 나아가 적선 6척과 적군 70명을 포획하였다. 1599년 단성현감, 1600년 折衝將軍에 오르고 이어 사복시정·임류진첨사(臨淄鎭僉使)·흥양현감 등을 거쳤다. 1605년 宣武原從功臣이 되고, 이 해 昆陽郡守를 거쳐 1607년 慶尙左道右水軍虞候에 이르렀다. (네이버 지식백과, 2015.7.2. 검색)

군사를 통솔하고 계시니, 우리 군사의 승리는 바로 천병의 승리인 것입니다. 어찌 감히 우리의 것으로 삼겠습니까? 우리가 벤 적병의 목을 모두 드리겠으니, 도독께서는 천병이 거둔 전과로 보고하십시오."

진린은 이 말을 듣고 크게 기뻐하며, "공이 동국의 명장이란 말을 내 일찍이 들었는데, 지금 보니 과연 그렇습니다"하고 감탄하였다. 송여종은 전공을 모두 빼앗기게 되자, 실망하여 이순신에게 억울하다고 호소하였다. 이순신은 웃으며 송여종을 달래면서, "**왜적의 수급은 썩은 고기덩어리에 지나지 않는 것이니, 명나라 사람에게 주는 것이 무엇이 아까운가? 그대의 공은 내가 장계하여 조정에 보고하겠다**"고 했다.

송여종은 이 말을 받아들였다.[106](강조: 저자)

둘째, 충무공은 배려와 관용의 리더십을 발휘했다. 그 관련 대목은 다음 전거에서 확인할 수 있다.

왜적이 처음 침입하였을 당시 경상 우수사였던 원균은 왜적에게 피하여 겨우 배 한 척으로 도망하여 이순신에게 구원을 요청하였다.

그 뒤, 이순신은 승전할 때마다 두 사람의 이름을 연명하여 첩보를 올렸는데, 조정에서는 이순신의 공이 큰 것을 알고 통제사로 승진시켰다. 이에 원균은 자신이 이순신의 아랫자리에 있는 것을 부끄러워하면서 이순신을 멀리하고 미워하였다. **원균은 난폭하게 성미를 부려 이순신의 통제를 받으려 하지 않았지만, 이순신은 언제나 그를 너그럽게**

106 국방부전사편찬위원회(1987b: 252)

포용하였다.[107](강조: 저자)

[1592년 7월 15일. 壬申] 여러 장수와 군사 및 관리들이 제몸을 돌아보지 않고 처음부터 끝까지 여전하여 여러 번 승첩을 하였다만, 조정이 멀리 떨어져 있고 길이 막혔는데, 군사들의 공훈 등급을 만약 조정의 명령을 기다려 받은 뒤에 결정한다면 군사들의 심정을 감동케 할 수 없으므로 우선 공로를 참작하여 1·2·3등으로 별지에 기록하였으며, **당초의 약속과 같이 비록 왜적의 머리를 베지 않았다 하더라도 죽을 힘을 다해 역전한 사람들은 내가 본 것으로써 등급을 나누어 결정하고 함께 기록하여 장계하였다.**[108](강조: 저자)

나. 3위 측면에서의 리더십

1) 지식

충무공 이순신은 리더로서 훌륭한 지적 역량을 구비하고 있었다. 충분한 인문적 소양을 바탕으로 시문에도 뛰어났을 뿐만 아니라, 삶의 지혜, 전략·전술의 지혜를 두루 겸비한 성품을 보유하고 있었다. 분야별로 자세한 특성을 살펴보면 다음과 같다.

첫째, 충무공은 훌륭한 지략을 갖추고 있었다. 그는 창의적인 지

---

107 위의 책, p.248.

108 『이충무공전서』권2, 「장계」43-44, 이순신, 앞의 책, pp.69-70 재인용.

략으로 부임하자마자 예하 5관 5포를 순시하면서 출전준비태세를 완벽하게 갖추어 나갔다. 특히 그는 적의 해상 접근을 미리 관측 보고토록 하기 위해 기지 주변 산정에 신호대를 설치했으며, 큰 돌멩이에 구멍을 뚫어 쇠사슬을 박아 적 예상접근 수로에다 수중 장애물을 부설했던 것이다. 또한 그는 혁신적인 해전수단과 방법을 마련해 나갔다. 1592년 4월 14일 일본군이 부산에 침공·상륙하기 64일전에 창제한 거북선에 달 돛베 29필을 수령하였고, 18일전에 거북선의 함포시험사격을 했으며, 3일전에 거북선 돛을 완성 설치했고, 2일전에 거북선에 장착된 함포의 포술연습을 끝마쳤다.[109]

둘째, 충무공은 전쟁 중에도 계속해서 전승을 위한 지혜를 다듬어 나갔다. 그 일환으로 서책(병서 및 역사서)을 지속적으로 획득하고 탐독하였다.

> [1592년 3월 5일. 乙丑] 맑다. 동헌에 나가 공무를 봤다. 군관들은 활을 쏘았다. 해질 무렵에 서울 갔던 진무가 돌아왔다. 좌의정 류성룡의 편지와 『증손전수방략』(增損戰守方略)이라는 책을 가지고 왔다. 이 책을 보니 수전·육전·화공전 등 모든 싸움의 전술을 낱낱이 설명했는데, 참으로 만고의 훌륭한 책이다.[110]

109 이선호, 앞의 책, pp.184-185.

110 이순신, 앞의 책, p.27.

[1596년 5월 25일. 辛卯] 종일 비오다. 홀로 다락 위에 앉아 있으니, 온갖 생각이 다 일어난다. 우리나라 역사를 읽어 보니 개탄스런 생각이 많이 난다.[111]

셋째, 충무공은 민군통합의 전쟁준비태세를 위한 지혜를 가지고, 이를 적용했다. 공은 군인들이 백성들에게 생필품(=소금)을 제공해 주고, 병사들에게는 그에 대한 반대급부로 식량조달을 동시에 해결해 주었다. 결과적으로 민과 군이 통합해서 전비태세를 완비할 수 있게 된 것이다. 다음은 관련 대목이다.

선조26년 8월에 조정에서는 3도 수군이 제대로 통솔이 되지 않는다 하여 특별히 통제사를 두어 주관하도록 하였다. 그리하여 이순신이 3도 수군통제사를 겸하고 본직을 그대로 맡게 되었다. 이순신은 육지에서 군수품을 공급하기가 곤란하다 하여, 체찰사에게 청하였다. "다만 일면의 바다와 포구를 부속시켜 주면, 양식과 장비를 자급자족하게 하겠습니다." 이에 이순신의 수군은 바닷물을 끓여 소금을 구어 팔아서, 곡식 수만 섬을 비축하고 군영의 막사와 기구를 모두 완비하게 되었으며, 또 백성을 이주시켜 살게 하였다. 그 결과 한산도는 하나의 큰 진(鎭)이 되었다.[112]

---

111 위의 책, p.269.

112 국방부전사편찬위원회, 『동국전란사(외란편)』, 1988, p.336.

넷째, 충무공은 지형과 전통문화에 적합한 무기체계를 발전시켰다. 왜군은 주로 조총 사격으로 상대 함선의 병력을 살상하거나 선상 백병전을 벌여 함선을 탈취하는 것이었다. 하지만 조선 수군의 전술은 함포로 상대 함선을 격침시키는 것에 주안을 두고 있었다. 왜군의 주무기인 조총은 병력 살상에는 효과적이었으나 함선을 격파할 수는 없었다. 이에 비하여 조선 수군의 함재 화력인 총통류는 대형화살과 철환(鐵丸) · 단석(斷石) 등을 발사(구경: 7~14cm, 사정거리: 400m) 하는 것으로서, 병력 살상에는 그다지 효과가 없었으나 함선과 같은 목재구조물을 격파하는 데는 큰 위력을 발휘할 수 있었다. 또한 조선 수군은 왜군의 함선에 비하여 견고하고 기동성이 우수한 판옥선과 공격력과 방어력을 갖추고 있어 적 함대를 돌파하여 전장의 주도권을 장악할 수 있는 거북선을 보유하고 있었다.[113]

다섯째, 충무공은 해당지역의 문화뿐만 아니라 그 지형 및 지세도 정확히 파악하고 있었다. 이는 군사정보 차원에서뿐만 아니라 전쟁 프로다운 면모라고 할 수 있다. 다음은 충무공이 난중일기에서 직접 작성한 대목이다.

113 김태준, "해전사를 통해 본 고급리더십", 『고급리더십』, 안보연구시리즈 제2집 6호, 국방대학교 안보문제연구소, 2001, p.244.

[1597년 5월 24일. 甲寅] 맑다. 아침에 광양의 고언선이 와서 봤다. 한산도의 일을 많이 전한다. 체찰사가 군관 이지각(李知覺)을 보내어 안부를 묻고, "경상우도의 연해안 지도를 그리고 싶으나 도리가 없으니 본대로 지도를 그려 보내주면 고맙겠다"고 했다. 그래서 나는 거절할 수가 없어서 지도를 대강 그려서 보냈다.[114]

2) 정서

충무공 이순신은 리더로서 훌륭한 정서적 역량을 구비하고 있었다. 분야별로 자세한 특성을 살펴보면 다음과 같다.

첫째, 충무공은 고급리더로서 국가를 위해 임무를 수행함에 있어서 경건하면서도, 삶과 죽음에 대한 명확한 가치관을 견지하고 있었다. 다음은 관련 대목이다. 특히 [예화2]는 후손들에게 가장 익히 알려진 말로써 최후의 일각에서 어떤 생애를 마감하는지의 모점을 보여주었다고 본다. 다음은 관련 대목이다.

[예화1]

전선이라곤 다만 열 척이었다. 전라우수사 김억추(金億秋)[115]를 불

114 이순신, 앞의 책, p.315.

115 김억추의 생년일은 미상이다. 일찍이 무과에 급제하고 濟州判官 · 사복시판관 및 진산 · 순창 · 초산 등의 현감을 거쳤다. 1592년(선조 25) 임진왜란이 일어나 왕이 평양으로 파천하자, 방어사로서 許淑 등과 함께 수군을 이끌고 대동강을

러 병선을 거두어 모으게 하고, 또 여러 장수들에게 분부하여 "전선을 거북배로 꾸며서 군세를 돋구도록 하라"고 하고, 또 "우리들이 임금의 명령을 같이 받들었는데 의리상 같이 죽는 것이 마땅하다. 그런데 사태가 여기까지 이르렀는데, 한번 죽음으로써 나라에 보답하는 것이 무엇이 그리 아까울소냐! 오직 죽음이 있을 뿐이다"고 굳게 약속했다.[116]

[예화2]

싸움이 한창 급하니, 내가 죽었다는 말을 하지 말라.[117]

지켰다. 이 때의 공으로 일시 안주목사에 발탁되었으나, 허위보고를 하고 군율을 어겼다는 대간의 탄핵을 받아 삭직당하였다. 이후 계속 舟師將으로 대동강을 지키다가, 여주목사가 되었으나, 맡은 직무를 잘못 처리하여 교체되었다. 1594년 滿浦鎭僉節制使가 되었으나, 貪鄙(탐욕스럽고 비루함)하다는 司諫院의 탄핵으로 또 교체되었다. 다음해에 다시 만포진첨절제사에 임명되었다가 곧 진주목사로 승진되었지만 무능한 무관이 큰 고을의 목민관이 될 수 없다는 대간의 반대로 高嶺鎭僉節制使로 교체되었다. 1597년 漆川梁海戰에서 전사한 李億祺의 후임으로 전라우도수군절도사가 되었고, 일시 副將兼助防將으로 명나라군에 배속되기도 하였으나, 이후 주로 전라수군절도사로 활약하였다. 통제사 李舜臣을 따라 鳴梁海戰에서 많은 공을 세웠다. 그 뒤 밀양부사를 거쳐 1608년(광해군 즉위년) 경상좌병사가 되었다가 3년 후에 제주목사에 제수되었다. (네이버 지식백과, 2015.7.2. 검색)

116 『이충무공전서』(李忠武公全書)[1795] 권9 부록22, 「행록」, 이순신, 앞의 책, pp.329-330 재인용.

117 『이충무공전서』권9 부록31, 「이분행록」(李芬行錄), 이순신, 앞의 책, p.361 재인용: "戰方急愼勿言我死"

둘째, 충무공은 자신의 안일을 위해서보다는 임금과 국가를 위해서 고뇌하는 지휘관이었다. 임금의 어리석음에 대해서도 직설화법으로 지적함이 아니라, 공 스스로의 역량이 부족함이라고 말하고 있다.

[1593년 5월 13일. 丙寅] 맑다. … 달빛은 배에 가득 차고, 온갖 근심이 가슴을 치민다. 홀로 앉아 이 생각 저 생각에 닭이 울 때에야 풋잠이 들었다.[118]

[1594년 9월 3일. 戊寅] 비오다. … 초저녁에 촛불을 밝히고 홀로 앉아 스스로 생각하니 나라일은 어지럽건만 안으로 건질 길이 없으니 이를 어찌하랴! 마침 흥양현감이 내가 혼자 앉아 있음을 알고 들어와서 자정까지 이야기하였다.[119]

[1595년 1월 1일. 甲戌] 맑다. 촛불을 밝히고 홀로 앉아 나라일을 생각하니 무심결에 눈물이 흘렀다. …

[1595년 7월 10일. 辛巳] 맑다. 몸이 몹시 불편하다. 저녁 무렵에 우수사와 만나 서로 이야기했다. 양식이 떨어져도 아무런 계책이 없다는 말을 많이 했다. 무척 답답하여 괴롭다. 조방장 박종남(朴宗男, ?~1601)[120]

118 이순신, 앞의 책, p.108.
119 위의 책, p.189.
120 박종남은 조선 중기의 무신이다. 무과에 급제한 뒤 북쪽 오랑캐 이탕개(尼湯

도 왔다. 두어 잔을 마셨더니 몹시 취했다. 밤이 깊어 다락 위에 누었더니 초생달 빛이 다락에 가득하여 마음을 억누를 수 없다.

셋째, 충무공은 부하 지휘관의 체면을 세워주었다. 누구나 한 번 실수는 용납될 수도 있다. 그렇지만 그 책임을 완전히 면할 수는 없다. 충무공은 부하 지휘관의 체면을 고려하여 처벌했다. 다음은 관련 대목이다.

[1593년 2월 5일. 庚寅] 보성군수 김득광(金得光)이 밤을 세워 육지를 거쳐 달려왔다. 잡아들여 기일을 어긴 죄를 묻고, 그 대장(代將)을 처벌했다. …[121]

[1595년 5월 14일. 丙戌] … 아침에 식사를 한 뒤에 대청으로 나가 공무를 봤다. 사도첨사가 와서 보고하는데, "흥양현감이 받아 간 전선이 암초에 걸려 뒤집어졌다"고 한다. 그래서 대장(代將) 최벽(崔璧)과 십호선 장수(十船將)와 도훈도(都訓導)를 잡아다가 곤장을 쳤다.

介)를 칠 때 공을 세웠다. 임진왜란 때에도 춘천부방어사(春川府防禦使)로서 여러 차례 공이 있었다. 동부승지·병조참의를 역임하였고 진주목사로 있을 때도 왜군을 막아냈다. (한컴사전, 2015.6.29. 검색)

121 이순신, 앞의 책, pp.91-92.

넷째, 충무공은 리더로서 부하를 위해 눈물을 흘릴 줄 알았다. 다음은 관련 대목이다.

[1593년 7월 4일. 丙辰] 황대중(黃大中)이 다리를 절며 가까스로 와서 진주성 함락 소식을 전했다. 다리 저는 효자가 어떻게 적의 창칼 끝을 뚫고 여기까지 오게 되니, 이 어찌 우연한 일인가! 나는 실성통곡하면서 북향하여 절을 네 번 하고, "하늘은 어찌 이런 극단의 지경에 이르게 하였는고!"하면서 하늘에 빌었다.[122]

[1593년 6월 9일. 壬辰] 맑다. 수십 일이나 괴롭히던 비가 비로소 활짝 개이니, 진중의 장병들이 기뻐하지 않는 이가 없다. …[123]

[1594년 4월 9일. 丁巳] 맑다. … 조방장 어영담(魚泳潭, ?~1594)[124]이 세상을 떠났다. 통탄함을 무엇으로 말하랴![125]

---

122 『양건당문집』(兩蹇堂文集), 낭주인쇄사, 1978, pp.45-57, 이순신, 앞의 책, p.118 재인용.

123 이순신, 위의 책, p.113.

124 어영담은 조선 중기의 무신이다. 임진왜란 때 광양현감으로서 이순신의 수로를 인도하여, 李億祺·元均과 함께 옥포 앞바다와 적진포에서 왜선을 격파하는 데 공을 세워 조방장이 되었고, 정유재란 때 노량해전, 어선포해전에서 공을 세워 통정대부로 당상관이 되었다. (한컴사전, 2015.6.29. 검색)

125 이순신, 앞의 책, p.171.

[1594년 8월 30일. 乙亥] 맑고 바람조차 없다. … 곤양군수가 병으로 돌아가는데, 보지 못하고 보내어 너무너무 섭섭하다.[126]

다섯째, 충무공은 부하들에게 감동을 주는 리더였다. 다음은 관련 대목이다.

임진년(壬辰年, 1592) 5월에 원균이 다시 구원병을 요청해 왔다. 이에 이순신은 함대를 이끌고 노량으로 출동하여 왜선 13척을 격파하고, 패주하는 왜적을 쫓아 사천까지 추격하였다. **이 전투에서 이순신은 왼쪽 어깨에 총탄을 맞았으나 그대로 활을 쏘며 종일토록 전투를 독려하였다. 전투가 끝난 다음에야 군사들은 비로소 이순신이 부상당한 사실을 알고, 모두 놀라며 감동하였다.**[127](강조: 저자)

여섯째, 충무공은 부하들의 어려운 점을 사전에 찾아서 해결해 주려고 노력했다. 다음은 관련 대목이다.

[1593년 12월 29일. 戊寅] 들으니, 12월 27일에 전주부에서 과거시험장을 개설하라고 명령하셨다고 하므로, 해상의 준중에 있는 장병들이 모두 기꺼이 달려가려고 하였으나 물길이 요원하여 제 기한에 도착하지 못할 뿐만 아니라, 적과 서로 대진해 있는 때에 뜻밖의 환란이 없지

126 위의 책, p.188.

127 국방부전사편찬위원회(1987b: 246)

도 않을 것이므로, 정예 용사들을 일시에 내어 보낼 수 없는 일이니 수군에 소속된 군사들은 경상도의 예에 따라 진중에서 시험을 보아 그들의 마음을 위로해 주도록 하되, 규정 중에 있는 '말타고 달리면서 활쏘는 것'(騎射)은 먼 바다에 떨어져 있는 **외판섬이라 말을 달릴 만한 땅이 없으니 말달리면서 활쏘는 것은 편전을 쏘는 것으로 재능을 시험보면 편리할까 생각되어 조정에서 선처해 주도록 장계하였다.**[128](강조: 저자)

일곱째, 충무공은 백성들과 어려움을 같이 하려고 했다. 다음은 관련 대목이다.

[1593년 5월 6일. 己未] 흐린 뒤에 비오다. … 저녁 나절에 퍼붓듯 내리는 비가 온종일 그치지 않았다. 내와 개울물이 넘쳐 흘러 농민들에게 희망을 주니 참으로 다행이다.[129]

[1593년 7월 16일. 戊辰] 맑다. 저녁에 소나기가 와서 농사에 흡족하다.[130]

여덟째, 충무공은 한 인간으로서 풍부한 감성을 가졌다. 다음은 관련 대목이다.

128 『이충무공전서』권3, 「장계」(狀啓) 41-42, 이순신, 앞의 책, pp.139-140 재인용.
129 이순신, 앞의 책, p.107.
130 위의 책, p.122.

[1594년 6월 11일. 戊午] 맑으며 더위가 쇠라도 녹일 것 같다. … 달빛 아래 같이 이야기할 때 옥피리 소리가 처량했다.[131]

[1595년 7월 2일. 癸酉] 맑다. 오늘은 돌아가신 아버지의 생신날이다. 슬픈 마음이 들어 나도 모르게 눈물이 흘렀다. …[132]

[1596년 1월 29일. 丙申] 종일 비오다. … 피리소리를 듣다가 한밤 자정에야 진으로 돌아왔다.[133]

3) 행동

충무공 이순신은 리더로서 알고, 느낀 것을 훌륭히 행동으로 옮길 수 있는 역량을 구비했었다. 분야별로 자세한 특성을 살펴보면 다음과 같다.

첫째, 충무공은 항상 솔수 행동으로 모범을 보여주었다. 전투에서뿐만 아니라, 일상생활에서도 마찬가지였다. 당시는 진영 내에서 둔전(屯田)을 운영했는데, 다음은 그 관련 대목이다.

[1594년 6월 5일. 壬子] 맑다. … 오늘 무우밭을 갈았다. …[134]

131 위의 책, p.178.
132 위의 책, p.224.
133 위의 책, p.253.

둘째, 충무공은 전통세시풍습을 존중하고, 지키려고 했다. 다음은 관련 대목이다.

> [1593년 2월 5일. 庚寅] 비가 억수같이 내리다가 늦게야 개이다. **경칩날이라 둑제를 지냈다.** 아침밥을 먹은 뒤 대청으로 나가 공무를 봤다.[135](강조: 저자)

셋째, 충무공은 전쟁 중에 놀이를 함에 있어서 항재전장(恒在戰場)의 의식을 견지하고 있었다. 따라서 모든 진중놀이는 전쟁과 관련된 것들이다. 그 중에서도 가장 많이 한 진중놀이는 활쏘기인데, 난중일기에 표기된 회수를 기준으로 270회가 넘는다. 다음으로 바둑, 씨름, 장기, 침렵치(沈獵雉),[136] 종정도(從政圖)[137] 등이 애용되었다.

다. 충무공 이순신에 대한 총평

역사상 충무공에 대한 평가는 중국의 장수 진린의 것이 유명하다.

---

134 위의 책, pp.177-178.

135 위의 책, pp.91-92.

136 자구의 의미는 '꿩사냥에 심취하다'라는 뜻인데, 무사들의 놀이의 일종임.

137 이 종정도는 승경도(陞卿圖)라고도 함. 조선시대 서당의 학도들이 놀던 유희로써 성균관의 유생들의 유희였던 궐희(闕戱)에서 유래된 듯하다. 넓고 큰 종이에 벼슬이름을 품계와 종별에 따라 적어 넣은 승경도판에 박달나무로 5각이 지도록 깎은 알을 던져 나온 끗수를 써서 관등의 상하에 따라 승부를 겨룬다. 『용재총화』(慵齋叢話), 이홍직, 『새국사사전』, 교학사, 1990, p.702 재인용.

즉 "하늘을 날로 삼고 땅을 씨로 삼아 온 천지를 다스릴 인재요, 하늘을 깁고 해를 목욕시키는 천지에 가득 찬 공로"(經天緯地之材, 補天浴日之功)[138]라고 했다.

충무공의 난중일기에 나타난 장면별 빈도와 이와 관련된 덕목을 정리해 보면, 다음 〈표 23〉과 같다.

〈표 23〉『난중일기』 중 장면별 빈도와 관련덕목

	회수	관련덕목
활쏘는 장면	270	항재전장의식, 군인본분, 사명감, 적개심, 철저한 자기관리, 임무위주사고
질병/몸 불편함 호소	180	결연함, 자기다짐, 책임의식
부하 사기진작(술접대)	140	부하사랑, 강온겸전 부대관리
부하처벌	110	원칙에 의한 부대관리, 수범적 자세
어머님/아들 등 가족관련	100	충·효사상

출처: 최두환 역(1996); 이선호(2001: 415)를 근거로 산정함.
주: '회수'는 1단위 절상하여 산정함.

위의 〈표 23〉에서 보는 바와 같이, 충무공의 행적을 정리해 보면, 항재전장, 군인본분, 사명감, 적개심, 자기관리, 임무위주사고 등 현대 군 지휘자/지휘관에게도 필요한 제반 덕목들을 몸소 실천하고 있

138 여기서 '보천'이란 어원은 옛날 중국 설화 가운데 여과씨가 오색돌을 갈아서 구멍 뚫어진 하늘을 메꾸었다고 해서 비롯되었다고 한다. 그리고 '욕일'이란 희화(羲和)란 여신이 해를 열 개를 낳아 감천(甘泉)에 목욕시켜 환하게 했다고 해서 비롯되었다고 한다.

었음을 알 수 있다.

본 연구에서 살펴본 충무공의 3경·3위의 리더십은 다음과 같이 요약된다. 우선 3경의 리더십은 다음 세 가지로 요약된다.

첫째, 통솔자정신을 발휘한 유형은 다음과 같다. 1) 전쟁 승리의 강한 확신을 갖고 있었다. 2) 전투에 임해서는 엄중한 군율로써 지휘를 하였다. 3) 민군통합전비태세를 훌륭히 강구하였다. 4) 고급지휘관으로서 원칙만을 고집하지 않고, 상황에 따라서는 대의를 위해 원칙준수의 탄력적인 융통성을 보여주었다. 5) 고급지휘관으로서 연합작전 수행시 우리의 민간인을 보호하고, 상대국의 범죄시 처벌할 수 있는 권한을 확보하여, 오늘날에 큰 시사를 주고 있다.

둘째, 부하정신을 발휘한 유형은 다음과 같다. 1) 부하된 자로서 항상 자기규율(self regulation)이 탁월했다. 2) 부하된 자로서 처세에 항상 조심스러웠다. 3) 부하된 자로서 처세에 있어서 공직자로서의 기본원칙을 준수하였다. 4) 부하된 자로서 한 번 상관은 영원한 상관으로 따르고자 했다. 5) 왕과 국가의 부름을 받은 몸임을 항상 잊지 않고, 겸손했다.

셋째, 동료의식을 발휘한 유형은 다음과 같다. 1) 단결의 리더십을 발휘했다. 2) 배려와 관용의 리더십을 발휘했다.

다음으로 3위의 리더십은 다음 세 가지로 요약된다.

첫째, 인지적 요소에서의 리더십 발휘 유형은 다음과 같다. 1) 훌륭한 지략을 갖추고 있었다. 2) 전쟁 중에도 독서 등을 통해서 계속 해서 전승을 위한 지혜를 다듬어 나갔다. 3) 민군통합전비태세를 위한 지혜를 가지고, 이를 적용했다. 4) 지형과 전통문화에 적합한 무기체계를 발전시켰다. 5) 해당지역의 문화뿐만 아니라 그 지형 및 지세도 정확히 파악하고 있었다.

둘째, 정의적 요소에서의 리더십 발휘 유형은 다음과 같다. 1) 고급리더로서 국가를 위해 임무를 수행함에 있어서 경건하면서도, 삶과 죽음에 대한 명확한 가치관을 견지하고 있었다. 2) 자신의 안일을 위해서보다는 임금과 국가를 위해서 고뇌하는 지휘관이었다. 3) 부하 지휘관의 체면을 세워주었다. 4) 리더로서 부하를 위해 눈물을 흘릴 줄 알았다. 5) 부하들에게 감동을 주는 리더였다. 6) 부하들의 어려운 점을 사전에 찾아서 해결해 주려고 노력했다. 7) 백성들과 어려움을 같이 하려고 했다. 8) 한 인간으로서 풍부한 감성을 가졌다.

셋째, 행동적 요소에서의 리더십 발휘 유형은 다음과 같다. 1) 항상 솔수 행동으로 모범을 보여주었다. 2) 전통세시풍습을 존중하고, 지키려고 했다. 3) 전쟁 중에 놀이를 함에 있어서도 항재전장 의식을 견지하고 있었다.

결국 충무공은 3경 · 3위의 조화와 균형의 리더십을 발휘했다고 할 수 있다. 즉 3경(통솔자정신 · 부하정신 · 동료의식)과 3위(지 · 정 · 행)의 조화로운 실천을 행함으로써 한마디로 리더십의 '살아있는 교범'을 보여주었다.

4. 칭기스칸의 리더십[139]

가. 3경 측면에서의 리더십

1) 통솔자 정신

칭기스칸은 통솔자로 엄청난 카리스마를 갖고 있었다. 그 리더십도 이러한 맥락에서 생각할 수 있다. 이는 철저히 유목민족의 문화적 특성에 근거하고 있다. 칭기스칸의 통솔자로서의 리더십은 다음과 같은 특징으로 요약된다.

첫째, 칭기스칸은 지휘를 함에 있어서, 종교적인 사고를 갖고 있었다. 또한 신 앞에서의 겸손함과 신 앞에서의 동료간의 화목을 강조했다.

> [대자사크-10] … **승려(=종교인)**, 사법관, 의사, 학자에게 조세를 받거나 부역을 시켜서는 안된다.(강조: 저자)

> [대자사크-11] 모든 종교를 차별없이 존중해야 한다.

---

139 칭기스칸의 리더십에 대한 자료로써 대(大)자사크(Yeke Jasag)[부록1] 및 빌리크(훈요30조)[부록2]에 관해 언급할 때에는, 전자의 경우 '대자사크-1, 2, 3 …', 후자의 경우 '빌리크-1, 2, 3 …' 식으로 표기하고자 한다.

[빌리크-21] 오, 신이시여. 저는 암바가이칸을 무참하게 살해한 금나라에 복수해야 합니다. …

[빌리크-29] 어느 날 자고 일어나 거울을 보니 새치가 눈에 띄었다. 누가 어떻게 된 일이냐고 물었다. 그래서 나는 "**전능하신 신이 성공의 깃발을 높이 올리려 하심이다.** 그래서 윗사람의 표시인 회색의 상징을 내게 주셨도다"하고 말했다.(강조: 저자)

둘째, 칭기스칸은 지휘를 함에 있어서 검소했다. 다음 예화들은 자신이 손수 만든 법령이거나 구두지침이다.

[대자사크-15] 옷이 완전히 너덜너덜해지기 전에 빨래를 해서는 안 된다.

[대자사크-17] 다른 사람에 대해 좋고 나쁨을 말하지 말고, 호언장담하지 말라. 그리고 누구든 경칭을 쓰지 말고 이름을 불러라. 천호장이나 칸을 부를 때에도 마찬가지이다.

[대자사크-32] 음식을 먹고 질식한 사람은 겔 밖으로 끌어내 바로 죽여야 한다. …[140]

140 이것은 음식의 소중함과 식습관의 중요성을 일깨워주기 위한 가르침이다.

[대자사크-33] 만약 술을 끊을 수 없으면 한 달에 세 번만 마셔라. 그 이상 마시면 처벌하라. …

셋째, 칭기스칸은 공동체의 목표를 간결하게 해서 전 구성원이 잘 알 수 있게 했고, 또한 확실한 권한위임(empowerment)을 행했다.

실제로 칭기스칸은 대자사크 36개항과 빌리크 30개항으로 전 몽고제국을 통치하였다. 긴 종심(縱深)[141]과 작전반경(radio of action)의 광대성 등으로 인해 복잡한 것은 매우 적대시되었을 것이다. 간결한 의사소통만이 빠른 결심과 집행을 이어질 수 있었기 때문이다.

그리고 과감하게 권한을 위임하기 위한 국가제도, 즉 천호제(千戶制)를 도입하여 운영하게 된 것이다. 천호제를 통해서 몽고인들은 노예도 능력이 있으면 리더가 될 수 있게 되었다. 즉 기회의 균등한

---

141 종심(縱深)이라는 개념은 종심작전이론(縱深作戰理論, Теория глубокой операции, Deep Battle Theory)에서 나왔다. 이 이론은 1920~1930년대 소비에트 연방에서 개발된 군사 이론이다. 소련의 장군이자 군사전략가인 미하일 투하체프스키 등에 의해 1936년에 완성되었다. 대숙청 기간에 투하체프스키를 비롯한 개발자들이 대부분 숙청되어 종심 작전 이론은 사장될 뻔 했으나, 독소전쟁의 반격기에 소련군 지휘관들이 이 이론을 채택하고 이용하여 큰 성과를 얻었다. 종심이란 적진 후방의 깊숙한 곳을 말한다. 이것은 제1차 세계대전과 소련-폴란드 전쟁, 러시아 내전을 거치며 경험된 전훈을 체계화한 것이었다. 특히 소련-폴란드 전쟁 때 광활한 공간에서 기병의 기동력이 승부에 결정적 요소였다는 전훈에서 유래한 것이다. (위키백과, 2015.6.26. 검색)

부여가 이루어진 것이다. 이렇게 하여 하고자 하는 의욕을 극대화했던 것이다. 그리고 그 리더의 교체주기는 그 공동체에 위임한다(빌리크-6). 이 천호제는 군대조직에서부터 혁명을 몰고 왔다. 천호제를 기반으로 조직된 군대는 그 자체가 사회이자 국가였다. 군사조직 개편을 넘어 국민을 하나로 묶는 정치, 군사, 사회의 통합통치체제였다.[142]

넷째, 칭기스칸은 단호한 행동을 보여줬다. 그는 너그러운 유대를 강조하지만, 일단 규칙을 어겼을 때에는 동족과 적군을 가리지 않고 단호히 처벌했다. 대자사크의 36개항 중에서 이행하지 않으면 죽인다는 것이 13개항이나 되는 점은 이를 잘 입증해 준다.

다섯째, 칭기스칸은 조직 및 상관에 대한 배신행위 응징을 적군에게도 적용했다. 자모카[143]에 얽힌 일화에서 그 기질을 읽을 수 있다. 칭기스칸은 몽골고원 통일을 놓고 마지막까지 승부를 겨룬 자가 자모카였다. 칭기스칸의 통일과정은 자모카와의 대결과정이나 다름없었다. 자모카는 칭기스칸의 숙적이었지만, 어떤 면에서 칸의 친구였

---

142 김종래, 앞의 책, pp.109-110.

143 자모카는 칭기스칸의 어릴 적 친구. 소년기에는 외로운 칭기스칸의 친구가 되어 주었으며, 청년기에는 칭기스칸을 위해, 메르키드부에 납치된 부르테를 구출하는 전쟁에 나서는 등 큰 도움을 주었으나 초원의 지배자가 되기 위한 경쟁에서 원수가 됨. (네이버 지식백과, 몽골비사 [Mongγol-un ni'uča tobča'an], 2015.7.2. 검색)

다. 칭기스칸 군대에게 내내 쫓기던 자모카의 부하들이 자모카를 칭기스칸 앞에 끌고 갔다. 적장을 잡아 왔으니 칭찬해 줄 법도 하지만, 칭기스칸은 그 반대로, 자신들의 상관을 배신한 자모카의 부하들을 모두 처형했다. 자모카는 그의 희망대로 피 한 방울 흘리지 않게 죽인 뒤 정성껏 묻어 주었다.[144]

2) 부하정신

칭기스칸은 처음 시작부터 리더로 출발했다. 즉 단계적인 계서조직의 말단에서부터 중간단계의 계급을 거친 것이 아니다. 비록 작은 조직이기는 하지만, 자신이 소속된 부족의 후계자로 태어났다. 칭기스칸에게서 진정한 의미에서 리더로서의 부하정신을 찾기란 힘들다.

다만 칭기스칸은 그의 신분상의 특이성(=부족장의 아들)과 성장의 험난함(=아버지의 피살)으로 인해, 강한 인내심과 기다림을 배우고 실천했다고 보여진다. 다음은 그 관련 대목이다.

> 그의 아버지 예수게이가 오랜 숙적인 타타르 부족과의 전쟁에서 적장을 죽이고 돌아와 보니 그의 부인 허엘룬이 아이를 낳았다. 예수게이는 자기가 죽인 적장의 이름을 따서 이 아이를 테무친이라고 부른다. 이 아이가 칭기스칸이다. 그는 칸으로 오를 때까지 테무친으로 불

144 위의 책, pp.51-52.

린다. 예수게이는 다섯 유목 세력(몽골부, 메르키트부, 케레이트부, 나이만부, 타타르부)의 통일을 시도하다 견제 세력에게 독살 당한다.

아들 칭기스칸의 고난과 역경은 여기서부터 시작된다. 당시는 살벌한 내전 상황, 그 누구도 믿을 수 없는 세상이었다. 친척들도 칭기스칸을 무시하거나 경계한다. 때로 붙잡혀 투옥되고 때로는 모직 학대와 고난 속에 살아간다. 하지만 그는 절망하지 않았다.[145]

3) 동료의식

첫째, 칭기스칸은 스스로를 공동체의 별개 인물로서 군림하는 존재가 아닌 구성원의 일부임을 보여주었다. 이와 같은 강한 칭기스칸의 동료의식의 전통은 『사기』의 기록과 칭기스칸의 가르침 속에서도 그 근거를 찾아볼 수 있다.

그들은 물과 풀을 따라 옮겨 살았기 때문에 성곽이나 일정한 주거지도 없고 농사마저 짓지 않았으나 각자의 세력범위만은 경계가 분명하였다. …… **건장한 사람이 맛있는 음식을 먹고 노약자들은 그 나머지를 먹었다. 즉 건장한 사람을 중히 여기고, 노약자들은 경시하였던 것이다. 아비가 죽으면 아들이 그 후처를 아내로 맞고 형제가 죽으면 남아있는 형이나 아우가 그 아내를 차지하였다. 서로 이름을 부르는 것을 꺼리지 않았으며 성이나 자(字) 같은 것은 것에 아예 없었다.**[146](강

145 위의 책, pp.43-44.

146 司馬遷, 앞의 책, p.796.

조: 저자)

[대자사크-17] 다른 사람에 대해 좋고 나쁨을 말하지 말고, 호언장담하지 말라. 그리고 **누구든 경칭을 쓰지 말고 이름을 불러라. 천호장이나 칸을 부를 때에도 마찬가지다.**(강조: 저자)

둘째, 칭기스칸은 동료간의 의리를 중히 여겼다. 칭기스칸은 유목민 특유의 강한 동료의식을 바탕에 두고 있었다. 위에서 언급한 바와 같이, 그는 자기를 부를 때 칭기스칸이라고 하지 말고 이름, 즉 테무친이라고 부르게 했다. 그는 사람들을 차별하는 것을 아주 싫어했다. 리더와 구성원 관계에서도 공평을 추구했다. 남편과 아내 사이에서도 그것을 지켰다. 심지어 정복한 민족과 정복당한 민족 간에도 차별을 두지 않았다. 페르시아 지방에서 빚을 많이 진 몽고 병사가 아랍인의 노예생활을 했다는 기록도 있다. 그는 자신부터 검소하게 살았다. 부하들과 똑같이 입고 먹었으며 자기 것을 부하들과 공유했다.[147]

셋째, 칭기스칸은 의사결정과정에 주변동료들의 참여를 유도했다. 물론 자신의 무지에 의한 오판을 회피하기 위한 과정이었다고 볼 수도 있다. 하지만, 문자를 터득하지 못하였다고 해서 무식하다

147 김종래, 앞의 책, p.91.

고는 볼 수 없을 것이다. 다음은 그 관련 대목이다.

천막 한 가운데에 칸이 앉았고, 옆으로 참모와 아내들까지 함께 자리해 손님을 맞았다. 이는 칭기스칸은 모든 문제를 독단 아닌 합의에 따라 처리했고, 이를 제도화했다. 특히 전쟁이나 후계구도 같은 중대 정책은 유력 지도자 회의에서 통과된 뒤에야 집행했다. 이 회의가 코릴타이다.[148]

… 당시는 아직 충분히 발전된 것은 아니지만, 그 회의는 칭기스칸의 사령부에서 개최되었다. 모든 고위급 장교들이 참석해 상황을 토의했고, 분명하게 반대의견을 제시했으며, ….[149]

넷째, 칭기스칸은 신분의 고하와 국적을 불문하고 받아들였다. 다음의 두 예화를 눈여겨 볼만하다.

[예화1]

[대자사크-11] 모든 종교를 차별없이 존중해야 한다.

[예화2]

칭기스칸은 점령지역인의 종교에 대한 자유를 주어 불교, 이슬람교,

148 『동방견문록』, 김종래, 위의 책, pp.111-112 재인용.

149 Montgomery, 『전쟁의 역사II』, p.584.

기독교 그리고 기독교의 일파인 네스토리아교(景敎, Nestoria)를 탄압하지 않았다. 칭기스칸의 넷째 아들 투루이의 아내 솔가크티니는 몽케, 쿠빌라이, 후라구, 알리크무하를 낳았는데 그녀는 네스토리우스파 기독교인으로 교회를 보호했으며 후라구의 아내 도쿠즈도 네스토리우스파 교인이었다. 쿠빌라이칸이 티베트를 정벌할 때 라마승 파스파(1235~ 1268)의 법론과 설교를 듣고 감복하여 함께 귀국하여 제사(帝師)로 삼았다.[150]

다섯째, 칭기스칸은 남성우위의 동료의식을 발휘하였고, 여성은 보조역할로 인식했다.

[대자사크-19] 종군하는 부녀자는 남편이 싸움에서 물러났을 때에는 남편을 대신하여 의무를 다해야 한다.

[빌리크-14] 남편은 태양처럼 언제나 같이 있을 수 없다. 아내는 남편이 사냥을 가거나 전쟁에 나가도 집안을 잘 꾸리고 깨끗이 해야 한다. 또한 남편을 받들어 험준한 산처럼 우뚝 놓여야 한다.

[빌리크-30] 쾌락이란 … 그들의 처첩과 딸의 배꼽을 침대나 이부자리로 삼아 깔고 누워, 그 붉은 입술을 빠는 데 있다.

150 김충영, 『전쟁영웅들의 이야기: 고대동양편』, 두남, 1997, p.347.

여섯째, 칭기스칸은 전리품을 공동의 몫으로 두고 누가 얼마만큼 공을 세웠느냐에 따라 나눠 갖는 공동분배제도를 적용했다. 이 방식에선 선봉에 선 사람은 싸운 만큼 자기 몫을 차지하고, 뒤에서 싸움을 도운 사람에게도 몫이 돌아가게 했다. 예를 들어 활이나 칼을 만들고 수리하는 사람도, 척후병으로 적을 발견해낸 사람도, 말발굽을 고친 사람도 전리품을 챙길 수 있었다. 이들은 어디서 어떻게 근무하든 최선을 다해야 다른 사람보다 많은 배분을 받을 수 있었다. 결과적으로 조직 전체 전투력이 올라가게 된 것이다.[151]

나. 3위 측면에서의 리더십

1) 지식

칭기스칸은 리더로서 갖추어야 여러 가지 덕목 중에서 문자를 터득하지는 못했다. 하지만 문자를 잘 알고, 부하들보다 월등한 지식이 있었던 다른 리더들보다 결코 뒤지지 않았다. 이것은 '진정한 앎에 대한 지혜'를 가지고 있었기 때문으로 생각된다. 그의 삶의 지혜, 즉 리더로서의 지혜는 다음과 같은 특징이 있다.

첫째, 칭기스칸은 타인과 사물에 대해 '알고자' 하기 전에 자기반성에서부터 시작한다. 그리고 진지함을 권고하고 있다. 그와 관련

151 김종래, 앞의 책, p.64.

대목들이다.

[빌리크-13] 자신을 알아야 남을 알 수 있다.

[빌리크-12] 진실한 말은 사람을 움직인다. 노닥거리는 말은 힘이 없다.

둘째, 칭기스칸은 자신이 처한 자연환경을 최대한 활용하였다. 천연조건이라고 말할 수도 있겠지만, 자신들의 주변환경에서 특정한 사실이나 사물을 제목적에 맞게 잘 적용하는 것 또한 역량에 포함된다. 그런 측면에서 칭기스칸과 몽고족은 자신들의 생업의 가장 기본단위인 말(馬)을 최대한 잘 활용했다는 데 있다. 이러한 장점을 최대한 발견해서 활용할 수 있었다는 데 더 큰 의의가 있다고 하겠다. 몽고말은 유럽 말과는 달리 까다롭지 않고, 계절에 따라 어떤 때는 음식물 없이도 오랫동안 견디고, 악조건 아래서도 장거리 여행을 할 수 있었다. 마초를 따로 준비하지 않고 기마병은 자신에게 필요한 식량과 장비를 갖고 다니므로 몽고군은 유럽의 기병이 따라갈 수 없는 기동성을 가졌던 것이다.

특히 칭기스칸과 몽고족은 말 자체가 가진 신체적 특성에서 오는 주법(走法)의 특이성을 최대한 활용했다는 점이다. 몽고말의 주법은 천천히 달릴 때와 전속력으로 달릴 때는 유럽말과 같았지만, 중간단계의 달리기를 할 때에는 주법이 전혀 달랐다. 대체로 중간단계의 달리기에서 사격을 하게 되는 경우가 많은데, 이 단계에서 몽고말은 균형을 유지하면서도 '왼쪽 앞뒤 발'과 '오른쪽 앞뒤 발'이 동시에 움직이는 특이한 주법을 구사했던 것이다. 특히 몽고인들은 측대보(amble)의 유효성을 눈여겨보고 발전시켰다. 이는 곧 마상의 전사에게 안정성을 더욱 높게 해 줘서, 활 시위를 당겨서 조준할 수 있는 시간을 줄여주는 효과를 가져왔던 것이다.[152]([그림 3], [그림 4] 참조)

---

152 말의 걸음걸이에는 다섯 가지가 있다. 幷足(walk), 側對步(amble), 跑足(trot), 速步(canter), 襲步(gallop)가 그것이다. 병족과 속보 그리고 습보는 야생마들에게도 나타나는 자연스러운 주법이지만, 측대보와 포족은 훈련을 시키지 않으면 안되는 보법이기도 한다. 습보란 네 발이 모두 지면에서 떨어지며 달리는 주법으로 최고의 스피드를 낼 때 이용한다. 속보는 한발은 땅에 닿고 세발만 솟아오르는 주법을 의미하고, 포족이란 앞의 오른쪽 발과 뒤의 왼쪽발이 교대로 솟아오르는 주법을 의미하고, 측대보란 앞의 왼발과 뒤의 왼발이 동시에 들리는 주법을 의미한다. 몽고인들이 가장 선호하는 주법은 측대보이다. 대부분의 몽고인들은 말을 타자 말자 이 보법으로 들어가 목적지에 도달할 때까지 변화를 주지 않고, 초원을 지쳐간다. 측대보는 질주의 범위에는 들어가지 않지만, 앞뒤 다리가 맞부딪힐 염려가 없기 때문에 훈련을 통하여 이 동작을 빠르게 하면 상당한 스피드를 낸다. http://cafe.naver.com/snwrhee/1944, 2015.6.23. 검색

[그림 3] 13세기의 무장한 몽고병사를 태운 몽고말 모습

출처: 정토웅(1997: 128)
주: 말의 왼쪽 두 발이 동시에 앞으로 나간 장면

[그림 4] 한 여행객이 몽고말을 탄 모습

출처: http://cafe.naver.com/lovegwnu/153, 2015.6.23. 검색
주 1) 말의 오른쪽 두 발이 동시에 앞으로 나간 장면
2) 인터넷 개인 카페이기 때문에 얼굴을 가리는 처리만 함.

몽고말과 관련하여 재미나는 한 일화가 있다. 베트남전 당시 몽고가 북베트남측에 말 1만 마리를 기차에 태워 보냈는데, 그 중 숫말 한 마리가 중국대륙을 경유하여 고향으로 돌아갔다고 한다.

이 사실은 몽고말의 능력을 짐작할 수 있는 하나의 예가 될 수 있을 것이다.[153]

셋째, 칭기스칸은 전사로서의 본능적 지혜를 가지고 있었으며, 이를 현장에서 발견하여 발전시켰다. 실제로 그들은 동시대의 다른 집단의 전사들이 구사할 수 없었던 많은 전술전기 및 전략전술을 알고 있었고, 또한 이를 구사할 줄 알았다. 그 예를 열거하면 다음과 같다.

- 천호제(千戶制): 유목조직=군대조직 일치, 효율성 제고
- 케식텐: 교육제도. 엘리트들을 모아 전투를 비롯한 각 분야에 걸친 전문교육기관
- 얇은 철사로 된 스프링 옷: 화살이 튕겨 나오는 갑옷효과 -동시대 유럽기사 갑옷 70kg vs 몽고전사 7kg
- 비단옷: 화살맞은 후 상처부위 박힌 화살촉 추출용이
- 방한옷: 양가죽 안쪽에 발효시킨 말 젖을 발라 보온[154]
- 보르츠(육포): 소 한 마리분의 고기 보르츠는 경량으로 운반편의

153 위의 책, p.97.

154 영화 "Run away train"에 보면 주인공 탈주범이 혹한을 견디기 위해 열차위에서 비닐로 무장하는 모습을 떠올리게 한다.

성 병사 한 명 1년 식량

- 양의 위장(胃腸)으로 만든 도하장비
- 복합활(compound bow): 래커칠을 하여 방수처리됨. 100~160파운드 인력(주목단일제조 영국식 활: 75파운드), 300~350야드 유효사거리. 뒤쪽에는 힘줄층, 내부표면은 각층 혹은 가운데 나무골격으로 불룩하게 만듦.
- 용도별 화살사용: 사거리 긴 화살, 신호용 휘파람소리 화살, 방화용 화살 등
- 마상사격술(Parthian shot): 스텝민족 전통[155]
- 단독 선발부대(mangudai): 적 심리적으로 유도하기 위한 임무수행[156]

2) 정서

첫째, 칭기스칸은 눈물이 많았던 지휘관이었다. 자신과 아들의 구출 후 울었다고 기록하고 있다.

[빌리크-28] 나는 산꼭대기에서 매복병 20명을 만나 싸운 적이 있다. 그때 나는 빰에 화살 한 대를 맞았다. **그런데 젤메가 입으로 내 빰의 독을 빨아내고, 물을 데워 상처를 씻어주고, 적진에서 마유주를 구**

---

155 측대보를 하는 말과 밀착되어 사격 타이밍을 최적화하면서, 동시에 등자를 활용해서 마상에서 각 개인의 활용영역을 극대화할 수 있었다.

156 Alexander, 앞의 책, 2000; 김종래, 위의 책; Montgomery, 『전쟁의 역사II』

해다가 마른 입을 축여주어 겨우 살아났다. 그러고 나서 내가 적을 공격하자 그들은 산꼭대기로 기어 몸을 던져 죽었다.(강조: 저자)

… 젊은 보로콜은 방패를 들고 칭기스칸을 호위한 측근 중 측근이었다. 칭기스칸은 그를 동생처럼 여겼다. 그는 칸의 음식을 담당했고, 결국 칭기스칸을 위해 죽는다. 보로콜은 칭기스칸에게 도륙당한 주르긴 시족 출신 전쟁고아였다. 그를 칭기스칸의 어머니 허엘룬이 거둬 양자로 삼았다. … 칭기스칸이 옹칸과 맞선 카라 칼지트 전투에서 칭기스칸 아들 어거데이가 목에 화살을 맞았다. **어거데이를 보호하는 임무를 지고 있던 보로콜이 달려가 화살을 뽑자 선혈이 솟구쳤다. 피는 멈추지 않고 흘렀다. 그는 어거데이를 말에 태우고, 흐르는 피를 입으로 빨아 무사히 구해냈다. 그 광경을 본 칭기스칸은 감격해서 눈물을 흘렸다.**(강조: 저자)

둘째, 칭기스칸은 리더로서 부하들에 대해 세세한 부분에 이르기까지 관심을 가졌다.

[대자사크-18] 전쟁에 나설 때 장수는 부하들의 군장을 바늘과 실에 이르기까지 철저히 검사해야 한다.

셋째, 칭기스칸은 짐승들에게도 정성으로 대했다. 다음은 그 관련 대목이다.

[대자사크-8]

짐승을 잡을 때에는 먼저 사지(四肢)를 묶고 배를 가르며 짐승이 고통스럽지 않게 죽도록 심장을 단단히 죄어야 한다. 이슬람교도처럼 짐승을 함부로 도살하는 자는 그같이 도살당할 것이다.(강조: 저자)

넷째, 칭기스칸은 성적인 가학성향을 갖고 있었다. 이는 그에 대한 부정적인 인식의 단면이다.

[빌리크-30] **쾌락이란** 배신자와 적을 모두 죽이고, 그들의 재산을 약탈하며, 그들의 종과 백성들을 소리 높여 울게 해 그 얼굴은 눈물과 콧물로 얼룩지게 하고, 그의 말을 타며, **그들의 처첩과 딸의 배꼽을 침대나 이부자리로 삼아 깔고 누워, 그 붉은 입술을 빠는 데 있다.**(강조: 저자)

3) 행동

첫째, 칭기스칸은 솔선수범하였다. 초원에서는 절대적인 기동성이 전제되어야 한다. 가서 돌아오는 개념보다는 이동하면서 이루어지는 문화이기 때문에, 자신이 직접 보여주지 않으면 복종을 이끌어 낼 수 없기 때문이다. 다음은 그 관련대목이다.

[빌리크-27] 발라 할라자가 묻기를, 짐에게 무슨 능력이 있어 대칸이 되었느냐고 했다. 나는 칸이 되기 훨씬 오래 전에 적병 여섯 명을

혼자서 대적한 적이 있다. 그놈들이 내게 화살을 비 오듯이 퍼부었지만 나는 한 대도 맞지 않고 놈들을 모두 무찔렀다. 그리고 상처 하나 없이 그들이 탔던 말 여섯 마리를 몰고 돌아왔다.

[빌리크-28] 나는 산꼭대기에서 매복병 20명을 만나 싸운 적이 있다. …

둘째, 칭기스칸은 지휘를 함에 있어서 매우 구체적인 상황을 제시해 줌으로써, 잘못된 행동을 시정할 수 있도록 했다. 다음은 관련 대목이다.

[빌리크-17] 예순 베이는 참 훌륭한 용사이다. 아무리 오래 싸워도 지치지 않고 피로한 줄 모른다. 그래서 그는 모든 병사들이 자기 같은 줄 알고 성을 낸다. 그런 사람은 지휘자가 될 수 없다. 군사를 통솔하려면 병사들과 똑같이 갈증을 느끼고, 똑같이 허기를 느끼며, 똑같이 피곤함을 느낄 줄 알아야 한다.

셋째, 칭기스칸은 지휘를 함에 있어서 간결성을 강조했다. 주로 대구법을 사용하여 극명한 대비효과로 이해도를 높였고, 또 하나는 "~하는 자는 죽인다, ~하는 듯이, ~처럼, ~하지 않으면"과 같이 일상생활 속의 예를 사용함으로써 일반 백성들이 쉽게 이해하고, 실천할 수 있도록 했다.

[대자사크-1] 간통한 자는 사형에 처한다.

[빌리크-5] 몸을 깨끗이 하듯 각자의 영지에서 도적을 없애야 한다.

[빌리크-11] 평소에는 입 다문 송아지가 되고, 전쟁터에서는 굶주린 매가 되어야 한다.

[빌리크-16] 사냥을 나가면 짐승을 많이 잡아야 하고, 전쟁에 나가면 사람을 많이 죽여야 한다.

[빌리크-18] 상인들이 이익을 얻기 위해 물건을 잘 고르고 값을 잘 매기는 것처럼, 자식을 잘 가르치고 훈련시켜야 한다.

넷째, 칭기스칸은 매사에 조심스럽게 행동했다.

[대자사크-12] 음식을 제공하는 사람은 먼저 그 음식에 독이 없는지 먹어 보인 다음에 다른 사람에게 권할 수 있다. 음식을 얻어먹는 사람 역시 음식에 독이 있는가 알아보지 않고 먹어서는 안된다. …

[대자사크-32] 음식을 먹고 질식한 사람은 겔 밖으로 끌어내 …

[빌리크-8] 윗사람이 말하기 전에 입을 열지 말라. 자신의 의견과 다른 말을 들으면 잘 비교하라.

[빌리크-15] 일을 성사시키려면 세심해야 한다.

다. 칭기스칸에 대한 총평

칭기스칸의 주도권행사는 매우 모범적이었다. 역사상 그 어느 다른 지휘관도 - 항시 공격적일 뿐만 아니라 임무가 전략상 수세일 경우에도 - 주도권을 장악하고 이를 유지해야 한다는 중요성을 칭기스칸보다 더 정확하게 인식하지는 못하였다. 몽고군은 적을 계속적으로 교란시킴으로써 주도권을 장악했던 것이다.[157]

또한 몽고군은 비싼 대가를 치뤄야 하는 진지전과 같은 틀에 박힌 전투를 회피하기 위하여 전장의 전 종심을 훌륭히 이용하였다. 몽고군은 적이 유리한 장소에서 강력히 저항하기 위해 집중하지 못하도록 전장의 전(全)종심을 이용하였다. 일단 적의 부대가 충분히 집중된 경우에 몽고군은 주력으로써 직접적인 교전을 회피하면서 이들 적이 즉각 결전을 감행하지 못하도록 거부하였다. 몽고군의 이동은 언제나 결정적인 지적-기동전의 궁극적인 목표-에서 병력의 수적 우세를 달성케 하였다. 몽고군 지휘관은 공세적으로 주도권을 장악함으로써 항상 적보다 결정적인 지점을 선택할 수 있었다.

157 Dana J. H. Pittard, "Genghis Khan and 13th Century Airland Battle", *Military Review*, July, 1989, p.19.

예이츠(Mick Yates)는 미국 기업들의 리더십 발전을 위해 칭기스칸의 리더십모델을 탐구하게 되었는데, 그는 칭기스칸의 리더십이 '4E'로 구분해 볼 수 있다고 했다. 먼저 비전이 있었고(Envision), 다음으로 이를 성취할 수 있는 능력을 갖추었으며(Enable), 또 부하들이 목표를 향해 정력적으로 일하게 했는가 하면(Energize), 이를 위해 권한을 최대한 아래에 위임했다(Empower). 이를 보다 부연해서 설명하면 다음과 같다.[158]

첫째, 비전이 있었다. 칭기스칸은 정복을 통한 경제적 약탈만이 초원의 빈약한 물산을 놓고 벌어지는 만성적인 동족간 분쟁을 막을 수 있는 유일한 길이라는 분명한 비전을 갖고 있었다. 유라시아를 가로지르는 '광대한 제국 건설'도 결국은 이런 비전의 확대판이었다. 유라시아의 푸른 초원이야말로 유목민들이 꿈꾸는 이상향이자 낙원이었다.

둘째, 비전을 성취할 능력을 갖췄다. 칭기스칸의 군대가 단지 남들이 갖지 못한 기발한 무기를 갖고 있었기 때문에 성공한 것은 아니다. 오히려 기존의 군사 기술을 형편에 맞게 적절히 활용했다는 데 그의 탁월함이 잇다. 엄한 군율과 철저한 메리트시스템, 천호제 같은 효율적인 군사, 행정 조직 등을 통해 군사 능력을 극대화한 점등이 칭기스칸 군대의 강점이다. 초원의 다른 정복자들과 달리 칭기스칸

158 http://leader-values.com/4es/default.asp. 2003.11.21. 검색.

만이 갖고 있는 이러한 독특한 능력이 제국 건설의 원동력이었다.

셋째, 부하들을 정력적으로 일하게 했다. 칭기스칸은 부하를 다룰 줄 아는 사람이었다. 그는 부하들이 무엇을 요구하는지 끊임없이 생각했다. 그가 보기에 부하들의 가장 큰 희망은 만성적인 가난에서 벗어나는 것이었다. 칭기스칸은 여기에 맞게 정복의 부산물인 전리품을 부하들과 철저히 공유하는 이익분배 시스템을 갖췄다. 부하들은 그를 따라 정복에 성공하면 반드시 약탈물이 자신에게도 배당된다는 것을 알았기 때문에 열과 성을 다해 정복 전쟁에 임했다.

넷째, 권한을 위임할 줄 알았다. 칭기스칸과 같은 엄격한 지도자가 권한을 아래로 위임했다고 생각하는 사람은 많지 않을 것이다. 하지만 실상 그는 권한을 위임할 줄 아는 보기 드문 지도자였다.

칭기스칸은 싸움터에서 능력을 발휘한 사람이면 누구든 신분에 관계없이 지휘관으로 발탁했고, 그 지휘관에게 전폭적인 신뢰와 권한을 부여했다.

칭기스칸의 실제 전투수행 및 제국경영의 특징은 다음과 같이 요약된다.[159] 첫째, 칭기스칸은 기마병의 기동성을 이용한 전략·전술적 부대기동을 완전히 터득하고 있었으며, 이러한 부대기동으로 전장에서의 집결을 항시 실시하고 있었다.

둘째, 칭기스칸은 몽고군의 광범위한 첩보조직을 사용하여 철저하

159 김충영, 앞의 책, pp.291-311; 339-350; Alexander, 앞의 책, 2000, pp.95-134.

게 준비했다. 첩보조직은 효과적인 정보를 칭기스칸에게 제공하는 한편 적국에게 몽고군의 우수성을 선전했기 때문에 몽고군이 접근하기 전에 이미 공포에 질려 있었다.

셋째, 칭기스칸의 군대는 적의 배후를 타격했다. 그의 군대는 광정면(廣正面) 기동을 하여 예약된 시기와 장소에 항상 합류하였으며, 부하라와 가진 사마르칸트 전투는 세계 최초로 적의 배후에 갑자기 나타나 적의 허를 찌른 전투로 잘 알려져 있다.

넷째, 칭기스칸은 군대의 측면안전을 효율적으로 유지했다. 칭기스칸은 사전에 기동할 지역에 대한 정보를 충분히 입수한 후에 통상 3개 종대대형으로 신속하게 목표지점으로 진격하되 서로 연락을 취할 수 있도록 종대 측면의 안전을 유지하도록 했다. 이러한 신속한 3열 종대형기동은 적 배후를 찌르는 효과를 얻어 순식간에 적을 무력화하였다.

다섯째, 칭기스칸은 점령지역의 인적자원을 최대한 활용했다.

칭기스칸은 언제나 새로운 지역에서 기술자를 우대하고 기술자는 죽이지 않고 포로를 본국으로 보내거나 현지에서 활용했다. 그러므로 새로운 지역에 적합한 새로운 전술과 무기를 신속하게 배워 활용하였다. 이는 몽고군대가 기병전에는 능하나 공성전, 보병전, 요새전에 취약했기 때문에 자신들이 할 수 없는 분야에 대한 보완책이라고 할 수 있다.

여섯째, 칭기스칸은 모든 것을 전쟁위주로 사고하였으며, 자신의 생활공간에서 확보할 수 있는 자연환경 및 자산을 최대한 활용했다. 특히 말은 이동수단일 뿐만 아니라 전투수단으로써 매우 중요한 역할을 했는데, 작전의 기동성과 종심유지, 그리고 작전반경을 극대화하는 데 결정적인 역할을 했다.

끝으로, 칭기스칸은 자신의 문맹의 경력을 시인하고 항상 배우려 했다. 칭기스칸은 글자를 읽을 수 없었으나 현명한 사람들의 말을 경청하고 바른 판단을 내렸다. 그는 금에서 야율초재를 등용했고, 중국의 도교 철인 장춘(張春)의 말을 경청했다. 페르시아인 알라와디에게는 재정업무를 맡기기도 했다.

본 연구에서 살펴본 칭기스칸의 3경 · 3위의 리더십은 다음과 같이 요약된다. 우선 3경의 리더십은 다음 세 가지로 요약된다. 첫째, 칭기스칸은 통솔자정신의 측면에서 다음과 같은 유형의 리더십을 발휘했다. 1) 지휘를 함에 있어서, 종교적인 사고를 갖고 있었다. 2) 지휘를 함에 있어서 검소했다. 3) 공동체의 목표를 간결하게 해서 전 구성원이 잘 알 수 있게 했고, 또한 확실한 권한위임(empowerment)을 행했다. 4) 단호한 행동을 보여줬다. 5) 조직 및 상관에 대한 배신행위 응징을 적군에게도 적용했다.

둘째, 칭기스칸은 부하정신 측면에서 그의 신분상의 특이성과 성장의 험난함으로 인해, 강한 인내심과 기다림을 배우고 실천했다고 보여 진다.

셋째, 칭기스칸은 동료의식 측면에서 다음과 같은 유형의 리더십을 발휘했다. 1) 스스로를 공동체의 별개 인물로서 군림하는 존재가 아닌 구성원의 일부임을 보여주었다. 2) 동료간의 의리를 중히 여겼다. 유목민 특유의 강한 동료의식을 바탕에 두고 있었다. 3) 의사결정과정에 주변동료들의 참여를 유도했다. 물론 자신의 무지에 의한 오판을 회피하기 위한 과정이었다고 볼 수도 있다. 하지만, 문자를 터득하지 못하였다고 해서 무식하다고는 볼 수 없을 것이다.

4) 신분의 고하와 국적을 불문하고 받아들였다. 5) 남성우위의 동료의식을 발휘하였고, 여성은 보조역할로 인식했다.

다음으로 3위의 리더십은 다음 세 가지로 요약된다. 첫째, 칭기스칸은 인지적 측면에서 다음과 같은 유형의 리더십을 발휘했다.

1) 타인과 사물에 대해 '알고자' 하기 전에 자기반성에서부터 시작한다. 2) 자신이 처한 자연환경을 최대한 활용하였다. 3) 전사로서의 본능적 지혜를 가지고 있었으며, 이를 현장에서 발견하여 발전시켰다.

둘째, 칭기스칸은 정의적 측면에서 다음과 같은 유형의 리더십을 발휘했다. 1) 눈물이 많았던 지휘관이었다. 자신과 아들의 구출 후 울었다고 기록하고 있다. 2) 리더로서 부하들에 대해 세세한 부분에 이르기까지 관심을 가졌다. 3) 짐승들에게도 정성으로 대했다. 다음은 그 관련 대목이다. 4) 성적인 가학성향을 갖고 있었다.

셋째, 칭기스칸은 행동적 측면에서 다음과 같은 유형의 리더십을 발휘했다. 1) 솔선수범하였다. 2) 지휘를 함에 있어서 매우 구체적인 상황을 제시해 줌으로써, 잘못된 행동을 시정할 수 있도록 했다.

3) 지휘를 함에 있어서 간결성을 강조했다. 4) 매사에 조심스럽게 행동했다.

요약하자면, 칭기스칸은 전쟁을 수행하는 국가의 지도자 또는 군 통솔자로서는 위대한 역량을 발휘했지만, 세계경영을 위해서는 '경영'이라는 말보다는 '지배'라고 하는 말이 더 잘 어울린다. 3경 · 3위의 통합적 인격을 구비한 리더십 영역에서 특히 부하정신부분과 정의적 부분에서 평가가 다소 낮은 편이다. 칭기스칸의 가장 큰 단점은 변화하는 최고전략의 한계(=전략목표)를 구성원들이 잘 몰랐다고 하는 점이다. 비밀이 아닌 범위 내에서 최고통치자의 전략적 지향방향과 그 지향속도 및 범위 등에 대해서는 최대한 많은 구성원들이 그것을 알고 있어야만 지속적인 발전이 가능할 것으로 본다.

5. 나폴레옹의 리더십[160]

가. 3경 측면에서의 리더십

1) 통솔자정신

나폴레옹은 통솔자정신의 측면에서 다음과 같은 유형의 리더십을 발휘했다. 첫째, 나폴레옹은 최고지휘관으로서 미래에 대한 준비성을 중하게 여겼다.

> [금언-2] **전쟁계획을 수립함에 있어서 적의 모든 행동을 예측하고 대책을 강구하는 것은 필수적이다.** 전쟁계획은 주변 상황과 지휘관의 재능, 부대의 성격, 그리고 작전지역 특성에 따라 언제나 수정될 수 있어야 한다.(강조: 저자)

둘째, 나폴레옹은 최고지휘관으로서 전쟁에 대한 명확한 목표의식을 갖고 있었다.

> [금언-5] **모든 전쟁은 하나의 명확한 목표를 가져야 하기 때문에 확고**

160 나폴레옹의 리더십에 대한 자료로써 '나폴레옹의 금언'[부록3]에 관해 언급할 때, '금언-1, 2, 3 …' 식으로 표기하고자 한다.

한 원칙과 전술적 법칙에 의해 수행되어야 한다. 또한 전쟁은 모든 장애를 극복할 수 있는 규모의 군대에 의해 치러져야 한다.(강조: 저자)

셋째, 나폴레옹은 최고지휘관으로서 넓은 아량을 갖고 있었다.

[금언-69] 전쟁포로가 되어서도 명예를 더럽히지 않을 유일한 방법이 있다. 혼자 포로가 되거나, 완전히 고립되건, 더 이상 무기를 사용할 수 없을 때이다. **이 경우 명예가 아무 것도 줄 수 없기 때문에 아무런 조건도 없으므로 우리는 어쩔 수 없는 불가피성 때문에 지는 것이다.**(강조: 저자)

넷째, 나폴레옹은 최고지휘관으로서 의사소통을 중시했다. 특히 지휘관의 의지를 부하들이 잘 알 수 있도록 하는 조치가 더 중요하다고 강조하고 있다.

[금언-61] 병사들이 용감하게 싸워야 하는 전투 순간에 하는 연설은 주목받지 못한다. 노병들은 거의 듣지 않고 신병들은 첫 총성이 울리는 순간 그 내용을 잊어버리고 만다. 담화나 열변이 효과를 거두는 것은 전역기간 동안, 즉 편견을 시정해주거나 잘못된 보고를 정정해주는 경우, 또는 진지 내의 사기를 유지해주고 야영을 위한 물자 보급과 오락을 제공하는 경우이다. 이런 이유로 **인쇄된 형태의 일일명령이 효과적이다.**(강조: 저자)

다섯째, 나폴레옹은 최고지휘관으로서 매너리즘에 빠지는 것을 스스로 경계했다.

> [금언-65] **일정하게 열리는 긴 토의나 작전회의는 언제나 같은 결과를 초래한다.** 즉 전쟁에서 가장 소심한 최악의 수단이나 가장 신중한 방법을 선택하는 것으로 끝나게 마련이다. 결단력 있는 용기야말로 지휘관에게 진정으로 필요한 유일한 지혜이다.(강조: 저자)

여섯째, 나폴레옹은 자신의 일에 뛰어난 의지와 의욕과 지성을 갖춘 인물이었지만, 너무 철저히 몰입하는 형이었다. 10년 동안 그를 보좌한 꼴랭꾸르(Caulaincourt, 1773~1827)는 "나폴레옹은 행동하고 토론할 때마다 매순간 자신의 모든 수단, 재능, 주의력을 다 쏟았다. 모든 것에 그는 열정을 쏟아 부었다"고 말한 바 있다.[161] 즉 다른 사람들이 관여할 수 있는 틈을 제공해 주지 않았던 것이다. 오로지 지시만 하는 존재였던 것이다.

2) 부하정신

나폴레옹은 리더가 된 자로서의 부하정신으로, 강한 책임감, 그리고 사려 깊은 복종을 요구하고 있다. 즉 자신이 행한 판단과 행동에

---

161 Montgomery, 『전쟁의 역사II』, p.544.

대해서는 책임을 져야하고, 또한 단지 명령이기 때문에 행한다고 하는 창의적인 사고를 하지 않는 부하리더는 책임을 면하기 어렵다는 것이다.

> [금언-72] 지휘관에게는 군주와 관계장관의 비호를 받아 자신의 실책을 변명할 권리가 없다. 왜냐하면 그들은 모두 작전 현장에서 멀리 떨어져 있을 뿐만 아니라 결과적으로 실제 상황을 잘 모르거나 거의 무지한 상태에 있기 때문이다. 그러므로 **문제가 있다고 판단한 계획을 그대로 실행에 옮기는 모든 지휘관은 그에 따른 책임을 져야만 한다.** 계획을 수정해야 할 이유들을 보고하고, 잘못된 계획을 그대로 실천에 옮김으로써 군대를 망치는 꼭두각시가 되느니 차라리 사임해버리는 것이 도리일 것이다. **패배할 것을 확신하면서도 상관의 명령이라는 이유만으로 전투에 임하는 지휘관 역시 똑같이 비난받아 마땅하다. 바로 앞에 언급된 무조건적 복종이란 오직 작전 당시 현장에 있는 상관에 의해 내려진 부대 지휘에 한한 것이기 때문이다.** 만약 실상을 파악하고 있다면 상관은 자기의 명령을 수행할 사람에게 알고 있는 범위 내에서 필요한 설명을 해주어야 한다. 그러나 만일 지휘관이 군주로부터 적에게 져도 좋으니 나가 싸우라고 하는 단호한 명령을 받았다면, 그는 여기에 복종해야하는가? 아니다. 만일 지휘관이 그러한 명령의 의미나 필요성을 이해하고 있다면 명령대로 따라야 하겠지만, 그렇지 못하다면 그것을 거부해야 한다.(강조: 저자)

3) 동료의식

나폴레옹은 동료의식의 측면에서 다음과 같은 유형의 리더십을 발휘했다. 첫째, 나폴레옹은 장병들에게 소속감을 고취시키고자 했으며, 특히 군 경험이 많은 군인들을 존중하고 있다.

> [금언-60] **병사들이 자신의 부대에 애착을 가질 수 있도록 모든 조치를 취해야 한다. 그 중에서도 노병에게 깊은 배려와 존경을 보여주는 것이 가장 중요한 요소이다.** 마찬가지로 군인의 보수는 복무기간과 비례하여 책정되어야 한다. 노병에게 신병보다 더 나은 대접을 해주지 않는 것이야말로 불공정의 극치이다.(강조: 저자)

둘째, 나폴레옹은 "길은 재능있는 사람에게"(la carrière ouverte aux talents)라는 프랑스 혁명의 원칙대로, 모든 병사들에게 능력에 따라 등용했다. 나폴레옹 자신이 그러한 원칙 덕분에 입신출세한 사람이었을 뿐만 아니라, 당시 프랑스군의 모든 병사들은 충분히 능력만 있다면 군용 배낭 속에 육군원수의 바통(bâton)을 담아 다닌다는 말이 있기도 했다. 실제 나폴레옹이 임명한 26명의 원수 가운데 단 2명만이 귀족출신이었다.[162]

셋째, 나폴레옹은 동료들로부터 듣기보다는 주로 일방적으로 자

162 위의 책, p.548.

신의 말만을 하는 스타일이었다. 그는 도로건축을 전략범위, 작전속도, 작전의 공조 등을 위해 도로를 굉장히 중요시했다고 한다. 그리하여 그는 수석참모인 베르티에르(Louis Alexandre Berthier, 1753~1815)와 다루 백작(Le comte Daru, 1767~1829), 기타 탁월한 군사행정가들로부터 제공되는 정보를 기초로 해서 직접 계획을 수립했다고 한다. 그 정보는 모든 관련항목들을 즉석에서 찾아볼 수 있도록 관리되었으며, 세심한 조사를 거쳐 하나의 작전이 조직화되었고, 나폴레옹이 직접 모든 일에 최종명령을 내렸다. 그는 심지어 각 부대의 행군로나 행군거리까지 직접 하달했으며, 무기, 군복, 군수품, 재정, 점령지의 행정 등 모든 것을 직접 철저히 점검했다고 한다.

더 심하게는 그가 여러 비서들에게 동시에 구술로 자신의 말을 받아쓰게 했다는 것이다.[163]

이와 같이 나폴레옹은 자신이 수행하는 전쟁에 대해 자신보다 더 많이 알고, 더 많은 애착을 가지고 분석하고, 판단할 줄 아는 인물이 없음을 전제하고, 철저히 자기중심적으로 전쟁을 수행해 나갔다.

따라서 동료의식은 동반자적인 관계보다는 자신이 직접 계획을 수립하고, 그것을 결심하는 데 필요한 재료를 제공해 주는 '부하에 대한 사랑' 정도로 이해되어진다.

163 위의 책, pp.544-545.

나. 3위 측면에서의 리더십

1) 지식

나폴레옹은 지적인 측면에서 다음과 같은 유형의 리더십을 강조했다. 첫째, 나폴레옹은 지휘관으로서 명석한 두뇌와 건전한 판단능력을 갖추어야 한다고 말했다.

> [금언-73] **지휘관의 첫 번째 자격요건은 냉정한 두뇌, 즉 사건과 사물을 있는 그대로 정확하게 평가할 수 있는 머리이다.** 그는 좋은 조식에 우쭐대지 말아야 하며, 나쁜 소식에 의기소침해서도 안된다. **그날 하루 동안 동시에 또는 연속적으로 받은 다양한 인상들은 마음 속에서 있어야 할 제 위치에 자리 잡을 수 있도록 정확하게 분류될 수 있도록 해야 한다.** 그런 다음에 추리하고 판단하는 작업은 다양한 인상들을 중요성에 따라 비교하고 고찰하는 데 의존해야 한다. 어떤 사람들은 매사를 판단할 때 고도로 채색된 매개들을 통해, 즉 자기만의 독특한 시각을 통해 사물을 바라볼 정도로 정신적, 육체적으로 특이하게 형성된 경우가 있다. 그들은 모든 사소한 경우에도 일일이 신경을 쓰고 지나치게 관심을 쏟는다. 그러나 그런 사람들이 가진 지식이나 재능, 또는 용기와 기타 장점들이 무엇이든 간에, 이런 특성은 군 지휘나 대규모 군사작전 지도에는 적합하지 않다.(강조: 저자)

둘째, 나폴레옹은 과거전사연구를 통해 훌륭한 장군들의 지휘원칙을 배웠다.

[금언-77] 최고 지휘관은 자신의 경험과 재능에 의해 좌우된다.

공병 또는 포병장교의 전술과 자기발전, 임무 그리고 기타사항에 관한 지식들은 교범을 통해 학습될 수 있지만, **전략지식은 오직 자신의 경험과 과거 위대한 장군들의 전역을 연구함으로써만 습득될 수 있는 것이다.** 알렉산더(BC356~323), 한니발(BC247~183), 그리고 카이사르와 마찬가지로 구스타프, 튀렌,[164] 그리고 프레드리히 대왕 등은 모두 동일한 원칙 아래 움직였다. 부대의 단결유지, 취약부분 엄호, 주요 지점에 대한 신속한 장악 등이 바로 그런 것들이다. 이러한 원칙들이야말로 승리를 이끌어내고, 아군의 위력에 대한 공포심을 자극하여 단번에 충성심을 유지하고 복종심을 확보할 수 있는 제 원칙들이다.

164 튀렌(Vicomte de Turenne)은 프랑스의 장군 · 자작. 프롱드의 난 때 반왕당파에 가담했으나 왕당파로 돌아와 궁정군 총사령관으로 반란군을 궤멸시켰다. 에스파냐를 공략해 뒹케르크의 승리를 도왔고 플랑드르전쟁, 네덜란드전쟁의 총사령관으로 참전했다. 부이용공(公) 앙리의 차남으로 15세에 군인이 되어 A.J.리셜리외의 인정을 받았다. 30년전쟁에 종군하여 1640~1643년 에스파냐군을 격파하였으며, 플랑드르와 라인강(江) 대안의 여러 성을 공략하였다. 사교계에 군림하였던 롱빌공비(公妃)를 연모하여 프롱드의 난에서는 당초 반왕당파에 가담하였으나, 결국은 왕당파로 돌아와 궁정군의 총사령관으로서 프롱드파의 대(大)콩데가 지휘하는 반란군을 궤멸시켰다. 이후 루이 14세의 친정과 함께 다시 중용되었다. 1658년 에스파냐를 공략하여 뒹케르크의 승리를 도왔고, 1667년 플랑드르전쟁의 총사령관으로 에스파냐군을 제압하였다. 1672년의 네덜란드전쟁에도 총사령관으로 참전하였으나, 전선을 시찰하던 중 적탄에 맞아 전사하였다. 저서에 『회상록』(Mémoires)(1659~1661년 집필, 1735 초판)이 있다. (네이버 지식백과, 2015.6.26. 검색)

[금언-78] **알렉산더, 한니발, 카이사르, 구스타프 아돌푸스, 튀렌, 외젠,[165] 그리고 프레드리히 대왕의 전사를 몇 번이고 음미하며 정독하라. 그리고 그들을 본받으라. 이것만이 위대한 명장이 되는 유일한 길이자, 전쟁술의 비밀을 터득하는 방법이다.** 당신 자신의 재능은 이 방법에 의해 더욱 계발되고 연마될 것이며, 나아가 당신은 이처럼 위대한 지휘관들이 제시한 원칙에 위배되는 다른 모든 금언들을 거부하는

165 외젠(Eugene of Savoy, 1663~1736)은 프랑스의 정치가이다. 사부아가 카리냥계 출신의 육군 사령관. 오스트리아 신성로마제국 레오폴트 1세의 군대와 헝가리군 사령관 등으로 복무하며 오스만투르크군과 여러 차례 싸우는 등 여러 번의 승전를 치렀다. 역사상 가장 위대한 군인 가운데 한 사람으로 꼽힌다. 1663년 파리에서 출생하였다. 프랑수아 외젠(Francois Eugene), 프랭스 드 사부아-카리냥(Prince de Savoie-Carignan)이라고도 한다. 아버지는 사부아-카리냥가의 수아송 백작이고 어머니는 추기경 마자랭의 조카딸 올림피아 만치니이다. 1683년 루이 14세의 군대복무를 거부하고 오스트리아 신성로마제국 레오폴트 1세의 군대에서 복무하였다. 같은 해 오스만투르크군에 포위된 빈을 구하는 데 큰 공을 세웠고 1688년 베오그라드를 점령하는 데 이바지하였다. 1697년까지 헝가리군 사령관으로 복무하며 젠타에서 오스만투르크군을 전멸시켰다. 1700년 황제의 추밀원 의원이 되었고 1701~1714년 에스파냐계승전쟁에서 사령관으로 활약하여 큰 전과를 올렸다. 1704년 바르바라의 말버러 공작과 연대하여 블렌하임전투에서 바이에른과 독일군에게 이겼고, 1708년 오우데나르데와 1709년 말플라케전투에서도 네덜란드군에게 승리하였다. 1716년 페테르바로드, 1717년 베오그라드에서 다시 오스만투르크군을 물리쳐 승리하였다. 역사상 가장 위대한 군인 가운데 한 사람으로 꼽히며 엄격한 성격과 루이 14세에 대한 혐오, 예술과 학문에 대한 옹호로도 세상의 주목을 받았다. (네이버 지식백과, 2015.6.26. 검색)

방법을 배울 수 있게 될 것이다.(강조: 저자)

2) 정서

나폴레옹은 정의적 측면에서 다음과 같은 유형의 리더십을 발휘했다. 첫째, 나폴레옹은 명예를 중히 여겼다.

> [금언-46] 요새전의 핵심은 어쩔 수 없이 패배하게 된 수비대의 철수에 상당한 가치를 부여하는데 있다. 이런 원칙에서 볼 때, **적의 공격에 용감하게 저항했던 수비대에게는 항상 명예로운 조건부 투항기회를 주는 것이 현명한 태도이다.**(강조: 저자)

둘째, 나폴레옹은 애국심과 명예심 등 정신력을 중하게 여겼다.

> [금언-56] 훌륭한 지휘관, 잘 조직된 체제, 양호한 교육, 그리고 효율적인 제도에 의한 강한 훈련 등은 싸우고자 하는 명분과 관계없이 훌륭한 군대를 만드는 요소이다. **동시에 애국심과 열정적인 정신력, 그리고 조국에 대한 명예심 등은 젊은 병사들에게 유리하게 작용한다.** (강조: 저자)

셋째, 나폴레옹은 지휘관으로서 통합된 인격을 구비해야 함을 강조했다.

[금언-70] 점령지에서 지휘관의 행위는 난관으로 가득 차 있다. 만일 모질게 대하면 사람들을 자극하게 되어 적대자들의 숫자가 늘어나게 된다. 반대로 관대하게 대하면, 전쟁으로 인해 어떨 수 없는 문제점이나 고통도 참을 수 없도록 만들게 된다. **승리한 지휘관은 만일 소요를 진정시키고 사전에 예방하기를 원한다면 엄격함과 공정함 그리고 온화함을 골고루 구사할 줄 알아야 한다.**(강조: 저자)

넷째, 나폴레옹은 병사들의 사기복지를 고려해서, 새로운 계급제도와 복장을 새롭게 하였다. 이는 프랑스 혁명의 순수성에는 위배되는 것이기는 하지만, 장병들의 사기를 고무하는 데는 매우 높은 효과를 거두었다.[166]

3) 행동

나폴레옹은 행동적인 측면에서 다음과 같은 유형의 리더십을 발휘했다. 첫째, 나폴레옹은 인내심을 매우 중요시했다.

[금언-58] **군인의 첫 번째 자격조건은 극심한 피로와 궁핍한 여건에서도 견딜 수 있는 인내심이다.** 용기는 그 다음 요소일 뿐이다. 고난과 궁핍, 그리고 결핍이야말로 군인들에게는 최고의 학교인 것이다.(강조: 저자)

166 위의 책, p.549.

둘째, 나폴레옹은 모험정신과 용기를 중요시했다.

[금언-15] **전투를 하는 지휘관은 무엇보다도 부대의 영광과 명예를 우선적으로 고려해야 한다.** 부하의 안전과 보호는 그 다음 문제일 뿐이다. 후자는 전자로부터 초래되는 빛나는 무공과 용기 속에 거의 포함되어 있는 것이다. 후퇴를 할 경우에는 부대의 명예를 제외하더라도 두 번의 전투에서 입는 것과 비슷한 손실을 입게 된다. 그러나 용기 있는 자들이 그들의 군기와 함께 발견되는 한 후퇴한다고 해서 결코 실망할 필요가 없다. 이러한 방법으로 우리는 승리를 얻게 되며, 승리를 얻는 것은 가치있는 것이다.(강조: 저자)

[금언-18] 보통의 재능을 지닌 지휘관은 불리한 지형에 처하거나 우세한 적에게 기습을 받았을 경우, 철수를 통해 부대의 안전을 도모하게 된다. 그러나 **뛰어난 지휘관은 용기로써 모든 악조건을 극복하고 적을 공격하기 위해 과감히 전진한다.** …(강조: 저자)

셋째, 나폴레옹은 최고지휘관으로서 행동함에 있어서 신중함을 강조했다.

[금언-16] 아군이 그렇게 하기를 적군이 바라고 있는 일은 절대로 해서는 안된다. 이유는 단 한 가지, 적이 그것을 노리고 있기 때문이다. 그러므로 **적이 사전에 연구하고 정찰한 전투지역은 반드시 피해야 하며, 적이 요새화하고 참호를 구축해 놓은 곳에서는 두 배 이상의 신**

중을 기해야 한다. 이 원칙으로부터 이끌어낼 수 있는 한 가지 결론은, 방향을 우회함으로써 얻을 수 있는 적 진지는 절대로 정면 공격하지 말라는 것이다.(강조: 저자)

[금언-63] 포로들에게서 얻은 정보는 신중하게 검토한 후 실제 가치를 평가해야 한다. 병사는 자기가 속한 중대급 이상의 문제는 거의 알지 못하며, 장교 역시 자기 연대가 속한 사단의 위치와 기동에 관한 것 외에는 거의 정보를 갖고 있지 않다. **따라서 적 군단의 위치나 적 진지에 관한 포로의 진술이 아군 전위부대의 보고와 일치하지 않는다면, 지휘관은 절대 포로에게서 얻은 정보에 의존해서는 안된다.**(강조: 저자)

다. 나폴레옹에 대한 총평

선행연구에 의하면, 나폴레옹에 대한 총체적인 평가는 긍정 · 부정 양면을 동시에 갖고 있다. 우선 긍정적인 면은 다음 세 가지로 요약된다. 첫째, 그가 군 생활 초기부터 전쟁의 내적 한계 즉 마찰은 군대의 움직임과 군대의 성공 자체에 의해 군대를 마모시킨다는 점을 잘 이해했다는 점이다. 그는 과감한 전략을 구사할 수 있었던 이유도 바로 그런 지식을 지니고 있었기 때문이다. 그는 분산과 어려운 기동전, 복잡한 통신 위험을 감수하려 하지 않았고, 공격할 능력이 있을 때는 언제나 공격했다. 또는 그는 보급선의 성가심을 잘 알고 있었으므로 약탈을 선택했고, 수적으로 우세한 적군과는 아예 교전을 피했다.[167]

둘째, 나폴레옹은 군사 지도자로서 병사들의 다양한 동기를 만족시켰다. 그의 약탈정책은 영토를 획득하는 이들에게 당장의 이익을 주었다. 게다가 자신의 병사들을 인간의 권리를 수호하는 혁명의 실천자라고 부르면서 그들의 명분을 충족시켜주었다. 그는 고대 로마의 이미지를 차용하여 독수리 깃발 아래 병사들을 불러 모아 애국심을 고취시켰다. 전쟁의 본질을 잘 알고 있었으므로 사기를 유지하는 데는 대가였다. 그는 항상 압도적인 병력으로 싸웠으므로, 병사들은 누구도 지나치게 어려운 싸움을 한다고 생각하지 않았다. 또 병력을 분산하지 않았으므로, 병사들은 결코 공포와 혼란이 따르는 고립상태에 놓이지 않았다. 나폴레옹은 처음부터 자신의 병사들과 긴밀한 관계를 유지했고, 그러기에 더욱 병사들을 철저하게 통제할 수 있었다. 그의 병사들은 전체가 되어 싸우는 프랑스 국민들이었고, 모든 이들이 군대의 일부분이었다. 또한 연극적 소질이 풍부했던 나폴레옹은 극적인 제스처를 통해 휘하 장군들과 영광을 함께 나누는 데도 능란했다. 하지만 그의 재능은 황제의 자리를 충분히 감당하지는 못했다. 그 때문에 나폴레옹은 끊임없이 군사적 지도력을 과시함으로써 권위를 강화하려 했다.[168]

셋째, 나폴레옹은 자타가 공인하는 세계적인 명장 중의 하나였으며,

---

167 Wills, 앞의 책, p.167.

168 위의 책, pp.170-171.

절대전쟁의 전형을 보여주었다. 특히 프러시아의 전쟁이론가였던 클라우제비츠(Karl von Clausewitz)는 그를 상호전형(Wechselwirkung)[169]과 마찰(Friktion)[170]을 가장 잘 통제하는 군사지도자로 평가했다. 또한 클라우제비츠는 나폴레옹의 등장으로 인해 자신이 생각하던 전쟁의 본성, 즉 절대전쟁의 전형을 찾을 수 있었다고 다음과 같이 언급하고 있다.

> 보나파르트의 등장 이래 전쟁은 먼저 프랑스에서 전체 국민의 관심사였고 이어서 프랑스의 적국들에서도 전체 국민의 관심사가 되었다.

---

169 '상호전형'이란 전투 중인 쌍방 상대의 폭력에 더욱 큰 폭력으로 대응하기 때문에 시간이 지날수록 더 분노하게 되는데, 그리하여 병사들은 점점 더 폭발적인 상태에 이르는 것을 말한다. 그리하여 공방전이 진행됨에 따라 나중에는 전쟁의 목표 자체가 희미해진다. 대부분의 전쟁은 처음 추구한 제한된 목적이 성취되었다고 해도 거기서 끝나지 않으며, 마치 대화재와도 같이 걷잡을 수 없이 번져나간다. Karl von Clausewitz, *On War*, ed. and trans., Michael Howard and Peter Paret, Princeton University Press, 1984, pp.75-77.

170 '마찰'이란 군사행동의 각 부분이 지속적으로 각기 다른 내외적 장애물들을 만나면서 정확한 조화를 이루지 못하는 것을 말한다. 직선경로를 전진하게 되어 있는 각 부대는 부대원들이 각기 상이한 피로점과 과감성 혹은 자기통제력을 지니고 있다는 걸 알게 된다. 각 개인은 모두 자신만의 악마와 마주치며, 훈련 때 지녔던 평형감각을 잃게 된다. 훈련 때의 움직임과 실제 전쟁 중의 움직임과의 차이는 땅 위에서 걷는 것과 물 속에서 걷는 것만큼이나 크다. 위의 책, pp.119-120.

따라서 전쟁은 전혀 다른 성격을 띠게 되었다. 전쟁은 그 진정한 본성, 즉 절대적 완전성에 매우 근접하게 되었다. 동원된 수단들도 가시적 한계를 갖지 않았다. 모든 한계는 정부와 국민의 에너지와 열광으로 인해 소멸되었다. 전쟁 수행의 에너지는 수단의 규모, 풍부한 성공의 가능성, 강렬한 감성적 자극 등에 의해 전반적으로 증대되었다. 전쟁의 목표는 적의 타도였다. 적이 완전히 굴복해야만 비로소 전쟁은 종료될 수 있고 양측 이해의 조정도 시도될 수 있었다.[171]

반면 나폴레옹은 단점도 갖고 있었는데, 그의 리더로서의 단점은 다음 세 가지로 요약된다. 첫째, 민간지도자로서 전쟁을 통제할 수 없었고, 오히려 전쟁이 그를 통제했다. 그는 자신의 재능에 사로잡혔고, 자신의 능력의 노예가 되었다. 그는 전쟁을 연구했고, 경험했다. 그는 타고난 전사였으며, 일생동안 전쟁으로 단련되었다.

오랜 기간 그는 평화를 만들 수도, 중요한 전투에서 패배할 수도 없었기 때문에 끊임없이 더 많은 것을 걸고 싸워야 했다.[172]

둘째, 황제로서의 나폴레옹은 엄청난 규모의 군대와 자신의 군사적 재능을 과신한 나머지 더 이상 속도와 기습에 의존하지 않았고, 단순히 대규모 병력 혹은 공격력에 의지하여 승리를 얻으려고 했다. 특히 1806년에 예나전투[173]에서 프러시아에 대승을 거두고 난 후부

171 Karl von Clausewitz, 류제승 역, 『전쟁론』, 책세상, 1998, p.391.
172 Wills, 앞의 책, p.169.

터, 나폴레옹은 적을 전장으로 끌어낼 수만 있다면 자신은 언제 어디서든지 그들을 대파할 수 있다고 확신하였다. 때문에 그는 오로지 전통만 관심을 가졌고, 이것을 그의 새로운 포병전술로 해결하려고 하였다. 새로운 포병전술이란 엄청난 수의 포를 집중해서 적전선의 선택된 한 지점에 일대 포격을 가하는 것이었다. 이때부터 나폴레옹은 양측에 똑같은, 불가피한 엄청난 희생의 대가로 승리를 사게 되었다. 자기 제국의 자원에 대한 사실상의 무제한적인 권한을 갖게 된 나폴레옹은 이제 기만과 속임수로 승리하려는 생각을 버렸던 것이다. 결국 이와 같은 방식은 손실이 너무 커져서, 종국에는 그의 적

173 예나전투(Battle of Jena)는 1806년 나폴레옹이 프로이센을 대파하고 베를린으로 입성한 전투. 나폴레옹 전쟁 당시 프로이센 예나-아우어슈테트(Jena-Auerstedt) 일대에서 벌어진 전투이다. 예나-아우어슈테트 전투라고도 한다. 예나 전투는 1806년 10월 14일에 일어났으며 나폴레옹 1세가 이끄는 프랑스군이 프레드리히 빌헬름 3세(Friedrich Wilhelm III)가 이끄는 프로이센 군을 격파하면서 영국을 중심으로 결성된 제4차 대프랑스 동맹을 와해시켰다. 1805년 12월 나폴레옹은 아우스터리츠 전투에서 승리하여 기독교를 중심의 정치연방인 신성로마제국이 해체되게 하였다. 이후 1806년 7월 나폴레옹은 독일 남서부에 있는 16개국을 지원하여 라인동맹이 결성되게 하였고 프랑스군이 이 일대에 주둔하자 유럽에서 프랑스의 위상은 높아졌다. 점차 프랑스의 정치 군사적 영향력이 강력해지면서 국경을 마주한 이웃 나라 프로이센을 위기로 내몰았다. 1806년 10월 위기감에 휩싸인 프로이센은 영국, 러시아, 스웨덴과 함께 제4차 대프랑스 동맹을 결성하여 프랑스를 견제하기에 이르렀다. (Daum 백과사전, 2015.6.16. 검색)

들이 약해진 나폴레옹의 군대를 압도할 수 있게 되었다. 영국의 저명한 전략가 리들 하트 경(Sir Basil H. Liddell Hart)[174]이 말했듯이 "그

174 리들 하트는 1895.10.31. 프랑스 파리에서 태어나 1970.1.29. 잉글랜드 버킹엄셔 말로에서 사망했다. 그는 기계화 전투를 주창해 유명해진 영국의 군사가·전략가이다. 1914년 제1차 세계대전이 발발하자 케임브리지 대학교에서의 학업을 중단하고 육군장교로 입대했다. 1920년 그는 육군의 공식 교본인 『보병훈련』(Infantry Training)을 집필했다. 이 교본에는 1917년에 안출된 그의 '전투훈련' 체제와 1917~18년에 도입된 침투전술을 발전시킨 그의 소위 '확장급류' 공격 방법이 수록되었다. 그는 일찍이 공군력의 증강과 기계화 전차전을 제창했다. 전략을 '정책목표를 완수하기 위한 군사적 수단들의 배분기술'로 정의한 그는 적을 혼란시켜 저항수단을 축소하는 데 목표를 둔 '우회적인 방법'을 지지했다. 전시 경험을 바탕으로 그는 기동성과 기습의 요소들을 강조했다. 1924년에 부상을 당한 그는 1927년 대위로 퇴역했다. 1925~35년에는 〈Daily Telegraph〉 의 군사 통신원을, 그리고 1935~39년에는 〈The Times〉 의 군사고문을 지냈다. 1937~38년에는 육군장관 레슬리 호어벨리셔의 개인고문으로 일하면서 그가 주창한 개혁들 가운데 다수가 실행되는 것을 보았다. 육군을 전차와 대공화기(對空火器) 부대로 기계화하려는 그의 노력은 직업장교들 대부분의 저항을 받았다. 그의 저술은 프랑스나 영국에서보다 독일에서 영향력이 더 컸다. 그의 '확장급류' 이론은 전차운용에 관한 J. F. C. 풀러 장군의 이론들과 함께 독일의 장갑전 선발공병들에 의해 채택되어 1939~41년에 독일군이 대륙을 정복하게 된 전격전의 기초가 되었다. 제2차 세계대전이 끝날 때까지 그는 〈Daily Mail〉 지에 기고했다. 전후에는 핵전쟁 억지력을 불신하여 재래식 방위군을 역설했으며, 전면전의 개념에도 반대했다. 1966년 여왕 엘리자베스 2세로부터 기사작위를 받았다. 그는 수많은 군인전기와 군사전략에 관한 여러 권의 저서, 그리고 제2차 세계대전의 역사서를 출간했다. (Daum 백과사전, 2015.6.16. 검색)

는 힘의 경제 법칙을 어겼기 때문에 벌을 받았다. 그 법칙을 지키는 방법은 바로 기동성과 기습이다."[175]

셋째, 나폴레옹은 장기적인 마찰 효과를 깨닫지 못했다. 전쟁이란 마치 주기적으로 발작을 일으키는 환자와 같은 것이어서 '정상'상태를 유지하기 어려운 법이다. 그는 1790년대의 혁명전쟁에서 자신의 장병들을 자유에 대한 열망과 희망으로 적들과 맞서게 할 수 있었다. 하지만 그가 혁명을 배신하고 황제가 되고 난 후에 전투는 제국의 영광을 위한 것이 되었고, 끝없이 이어지는 전투들은 구체제 하의 일상적 전투로 퇴행하고 말았다. 그리고 그 과정을 통해 나폴레옹 자신마저 변하고 말았다. 전쟁은 이제 더 이상 흥분되고 도전이 아니라 일종의 중독이 되었다. 그는 적들이 사라지면 사라질수록 더 많은 전쟁을 원하게 된 것이다. 결국 그의 전쟁은 위대한 격투사가 싸움을 통해 스스로를 마모시키는 헛수가 되고 말았다.[176]

요약하자면, 나폴레옹은 군사적 천재라고 말할 수는 있지만 정치적 천재라고는 평가할 수 없다고 본다. 3경·3위의 틀로 볼 때, 나폴레옹의 리더십은 다음과 같은 특징을 갖고 있다.

우선 3경의 리더십은 다음과 같이 요약된다. 첫째, 나폴레옹은 최고지휘관으로서 다음과 같은 통솔자정신의 리더십을 발휘하였다.

175 Alexander, 앞의 책, p.175.

176 Wills, 앞의 책, p.167.

1) 최고지휘관으로서 미래에 대한 준비성을 중하게 여겼다. 2) 최고지휘관으로서 전쟁에 대한 명확한 목표의식을 갖고 있었다. 3) 최고지휘관으로서 넓은 아량을 갖고 있었다. 4) 최고지휘관으로서 의사소통을 중시했다. 특히 지휘관의 의지를 부하들이 잘 알 수 있도록 하는 조치가 더 중요하다고 강조하고 있다. 5) 최고지휘관으로서 매너리즘에 빠지는 것을 스스로 경계했다. 6) 자신의 일에 뛰어난 의지와 의욕과 지성을 갖춘 인물이었지만, 너무 철저히 몰입하는 형이었다.

둘째, 나폴레옹은 최고지휘관으로서 부하정신으로, 강한 책임감, 그리고 사려 깊은 복종을 요구했다.

셋째, 나폴레옹은 최고지휘관으로서 다음과 같은 동료의식의 리더십을 발휘하였다. 1) 나폴레옹은 장병들에게 소속감을 고취시키고자 했으며, 특히 군 경험이 많은 군인들을 존중하고 있다. 2) 나폴레옹은 "길은 재능있는 사람에게"라는 프랑스 혁명의 원칙대로, 모든 병사들에게 능력에 따라 등용했다. 3) 나폴레옹은 동료들로부터 듣기보다는 주로 일방적으로 자신의 말만을 하는 스타일이었다.

다음으로 3위 측면에서의 리더십의 유형은 다음과 같다. 첫째, 나폴레옹은 인지적 측면에서 다음과 같은 유형의 리더십을 발휘했다. 1) 지휘관으로서 명석한 두뇌와 건전한 판단능력을 갖추어야 한다고 말했다. 2) 과거전사연구를 통해 훌륭한 장군들의 지휘원칙을 배웠다.

둘째, 나폴레옹은 정의적 측면에서 다음과 같은 유형의 리더십을 발휘했다. 1) 명예를 중히 여겼다. 2) 애국심과 명예심 등 정신력을 중하게 여겼다. 3) 지휘관으로서 통합된 인격을 구비해야 함을 강조했다. 4) 새로운 계급제도와 새로운 복장을 도입하여 장병 사기앙양을 위해 노력했다.

셋째, 나폴레옹은 행동적 측면에서 다음과 같은 유형의 리더십을 발휘했다. 1) 인내심을 매우 중요시했다. 2) 모험정신과 용기를 중요시했다. 3) 최고지휘관으로서 행동함에 있어서 신중함을 강조했다.

결국 나폴레옹은 3경 · 3위의 틀 속에서 볼 때, 군사분야에 있어서의 전략 · 전술 등에 있어서 지략과 덕성을 갖추고 훌륭한 리더십을 발휘했지만, 동료에 대한 포용과 조화있는 실천에 있어서는 미흡한 면을 갖고 있다고 보았다.

제5장

통합인격리더십을 기대하면서

본 연구는 전사에 나타난 리더십관련 연구의 방법론적 대안을 모색하고, 그 방법론에 입각하여 전사 속에 유명한 리더십을 발휘한 영웅적 모델(충무공 이순신, 칭기스칸, 나폴레옹)을 선정하여 적용해 보는데 목적으로 두고 진행되었다.

우선 연구방법론적인 대안으로 3경 · 3위의 모델을 상정하였다. 리더십에 있어서의 '경'(經)이란, 말 그대로 리더십의 '날줄'에 해당되는 것으로써 리더로서 겸비해야 할 제반 구조적 틀이다. 여기에는 기왕의 연구에서 주로 논의되어졌던 리더십 개념인 '통솔자정신', 리더이면서도 부하된 도리를 말하는 '부하정신' 그리고 리더이면서도 동료와의 관계를 규정하는 '동료의식'을 말한다. 이 개념은 리더십의 가장 근간이라고 할 수 있는 '날줄'이라고 할 수 있다. 한편 리더십의 '위'(緯)란 리더십에 있어서의 '씨줄'에 대당된다. 즉 리더십의 내용적인 요소이다. 여기에는 '인지적인 요소', '정의적인 요소' 그리고 '행동적인 요소'가 포함된다. 이 모델의 현실적합성에 대한 평가는 추후 다른 연구를 통해 입증될 것이지만, 본 연구에서 그 타당성에 대한 어느 정도의 논증이 되었다고 생각한다.

이러한 리더십 연구의 방법론적 대안적 틀을 토대로 하여, 전사 속의 세 인물에 대해 평점을 부여해 보았다. 그 세부적인 결과는 다음 〈표 24〉와 같이 요약 정리할 수 있다.

〈표 24〉 충무공 이순산·칭기스칸·나폴레옹의 리더십 비교 평가

		충무공 이순신	칭기스칸	나폴레옹
3경(經)	통솔자정신	100	100	90[4]
	부하정신	100	75[1]	75[5]
	동료의식	100	100	75[6]
3위(緯)	지(知)	100	100[2]	100
	정(情)	100	75[3]	90[7]
	행(行)	100	100	100
평 균		100	91.7	88.3

주1) 칭기스칸은 부족장의 아들로 태어났기 때문에, 실질적인 '부하'로서의 경험이 없었다.
2) 칭기스칸은 실제로 글자를 몰랐지만, 아는 사람을 잘 활용할 줄 아는 지혜를 가졌다. 그런 점에서 비록 문맹이기는 하지만, 높은 점수를 준 것이다.
3) 칭기스칸은 정의적 리더십 발휘에 있어서, 성적인 편견을 갖고 있었다.
4) 나폴레옹은 군사지휘관과 황제라고 하는 지위를 동시에 가지고 있었기 때문에, 더 어려운 위치에 처했을 수 있지만, 발현된 리더십의 수치는 크게 높지 않다고 본다.
5) 나폴레옹은 리더로서 자신의 능력을 과신한 나머지, 철저히 자기중심적이었다.
6) 나폴레옹은 동료와의 관계에 있어서, 주로 일방적인 얘기를 하는 입장이었다.
7) 나폴레옹은 정의적 리더십 발휘에 있어서, 장병들의 사기를 제고하는 등 훌륭한 업적도 많이 있지만, 대체로 즉흥적이었으며, 단기적인 성과를 지향하고, 기준이 모호한 단점이 있다.

본 연구에서 상정한 위의 3위·3경의 모델은 리더십에 대한 분석에 있어서 매우 유용함을 알 수 있었다. 다만 '부하정신'은 제왕이자

군 최고사령관의 경우에는 적용하는 데 상당히 어려운 점이 있음을 느꼈다. 왜냐하면 계서조직 속에서의 경험이 거의 없거나 절대적으로 부족해서, 연구의 대상이 될 만한 화제가 빈약하기 때문이다.

하지만 향후 리더십의 발현과정에서는 그와 같은 경우가 거의 발생하지 않을 것으로 보아, 대안적 틀로서의 자격은 충분하다고 자위한다.

과거의 특정한 역사적 사실(史實)을 다룸에 있어서, 과거에 천착하는 것은 현실에 대한 정확한 문제지기의 부족에서 비롯된 것이며, 한편 미래에 천착하는 것은 현실에 대한 책임회피라고 생각한다.

우리가 오늘을 살고 있는 한, 과거도 미래도 오늘인 것이다. 과거와 미래는 우리의 회상과 낭만적인 꿈(dream), 그리고 고도의 직관(intuition)을 통해서 오늘의 것으로 될 수 있다. 즉 오늘에 충실한 역사적 소명이 필요한 것이다.

본 연구를 통해서, 전사 및 리더십에 관련한 향후 연구와 현재의 부대관리 등의 분야에 있어서 몇 가지 시사점을 얻을 수 있었다.

첫째, 전쟁과 평화에 대한 올바른 사고를 가질 수 있도록 교육해야 할 것이다. 평화를 지키기 위해서는 필요불가결하게 전쟁을 해야 한다는 등식은 재고되어야 한다. 따라서 "평화를 원하는 사람은 전쟁을 대비해야한다"는 명제를 선호하기보다는 "평화를 원하는 사람은 전쟁을 잘 이해해야 한다"는 명제가 전사연구에 있어서 주된 관심이 되어야 한다고 본다.

둘째, 현재 우리나라 군사사 및 전쟁사 연구에 있어서 연구자들의 인식의 전환이 필요하다. 앞서 말한 것처럼 전쟁사 연구는 전쟁에 대비하기 위한 연구가 아니라, 전쟁을 제대로 이해하기 위한 연구이다. 따라서 전쟁을 제대로 이해하기 위해서는 반드시 역사학을 전공한 사람들에 의해서만 연구가 진행되어야 한다는 사고는 지양해야 한다. 즉 역사학은 분과학문이기도 하면서 동시에 바탕학문이기도 하다. 미술사, 체육사, 정치사, 경제사 등의 용어를 보면 쉽게 이해가 된다. 이렇듯 '전쟁'이라고 하는 대주제를 위해 주제별 분과학문들의 제반영역의 접근이 필요한 것이지, 전자의 분과학문으로서의 역사학을 전공한 사람들만이 이 문제를 접근해야 한다는 논리는 설득력이 약하다.

셋째, 전사 및 리더십에 있어서 '비문자적'(signifiant, 기표) 교훈에 대한 관심을 가져야 하겠다. 흔히 군사사상이라고 하면, 서양의 클라우제비츠의 『전쟁론』, 중국의 『무경칠서』, 그리고 우리나라의 『무신수지』 등의 책자에서 제시된 글자나 그림을 생각하기 쉽다. 사실 '문자적'(signifié, 기의) 교훈은 이미 전해 내려오는 비문자적 교훈을 정리한 것이다. 더 많은 것을 포괄하고 있다. 이렇듯 전쟁 및 리더십에 관련된 선행연구에 있어서 '표현된 이전'의 야전적 감각을 갖는 데 더 많은 관심을 가져야 할 것이다.

넷째, 군 간부들에 대한 전사연구의 관심도를 제고해야 할 것이다. 대상별로는, 부사관들에게는 한국전쟁사를 중심으로 하고, 장교들에게는 고대-현대-세계전쟁사 그리고 한국전쟁사를 두루 섭렵할 수 있도록 해야 할 것이다.

다섯째, 우리 선조들 중 특히 문관(文官)들의 국방사상에 대해 심층연구가 필요하다. 예를 들어 정도전(鄭道傳)[177]이나 류성룡(柳成龍)[178]의 경우 문관이었지만, 각기 병법을 저술하여 장수들을 교육시

177 정도전은 1342(충혜왕 복위 3)에 태어나서 1398(태조 7)에 사망함. 고려 말 조선 초의 정치가·학자이다. 본관은 봉화(奉化), 자는 종지(宗之), 호는 삼봉(三峰)이다. 봉화호장 공미(公美)의 고손자로, 아버지는 형부상서 운경(云敬)이다. 선향(先鄕)은 경상북도 영주이며, 출생지는 충청도 단양 삼봉(三峰)이다. 아버지와 이곡(李穀)의 교우관계가 인연이 되어, 이곡의 아들 색(穡)의 문하에서 수학하였다. 정몽주(鄭夢周)·박상충(朴尙衷)·박의중(朴宜中)·이숭인(李崇仁)·이존오(李存吾)·김구용(金九容)·김제안(金齊顔)·윤소종(尹紹宗) 등과 교유했으며, 문장이 왕양혼후(汪洋渾厚)해 동료 사우의 추양(推讓)을 받았다. 1360년(공민왕 9) 성균시에 합격하고, 2년 후에 동 진사시에 합격해 충주사록(忠州司錄)·전교주부(典校注簿)·통례문지후(通禮門祗候)를 역임하였다. 그는 문인이면서 동시에 무(武)를 겸비했고, 성격이 호방해 혁명가적 소질을 지녔으며, 천자(天資)가 총민해 어려서부터 학문을 좋아하고 군서(群書)를 박람해 의론(議論)이 정연했다 한다. 개국 과정에서 자신의 위치를 한(漢)나라 장량(張良)에 비유하면서, 한고조(漢高祖, 劉邦)가 장량을 이용한 것이 아니라, 장량이 한고조를 이용했다고 하면서 실질적인 개국의 주역은 자신이라고 믿었다. (Daum 백과사전, 2015.6.16. 검색)

178 류성룡(1542~1607)은 조선 명종-선조대 문관. 본관은 풍산(豊山), 자(字)는 이견(而見), 호(號)는 서애(西厓)이며 강원도 관찰사 류중영(柳仲郢)의 아들이다. 1564년(명종 19) 사마시를 거쳐 1566년 별시 문과에 병과로 급제, 승문원 권지부정자에 이어 이듬해에 검열로 춘추관 기사관을 겸직하였으며, 『懲毖錄』, 『亂

킬 정도의 수준이었다. 또한 소위 '문민통제'의 원칙을 지키기 위해, 문관이면서도 무관의 직위를 수행한 도원수(都元帥) 등에 대한 연구도 필요할 것이다. 이러한 연구는 오늘날 군인이 아닌 일반인 또는 관료들의 국방사상을 계몽하는 데 좋은 소재가 될 것으로 기대한다.

여섯째, 유명한 영웅의 주변인물들에 대한 관심을 제고해야 하겠다. 위대한 영웅은 자신이 주변인물을 만드는 경우도 있지만, 그 주변의 도움을 통해서 이루어지는 경우가 많다. 사실 리더십의 분석대상으로서의 '칭기스칸'이라고 인물은 '칭기스칸을 위시한 그 집단문화'라고 해도 무방하다. 주변인물과의 교류와 관련된 문화를 더 많이 연구해야 할 것이다. 예를 들어, 충무공 이순신(李舜臣)과 더불어 활동했었던 이순신(李純信) 장군[179]도 매우 훌륭한 인물이었다.

後雜記』, 『戊午黨譜』 등의 저술을 남겼다. 안동의 호계서원(虎溪書院) · 병산서원(屛山書院)에 제향되었으며, 시호는 문충(文忠)이다. (Daum 백과사전, 2015.6.16. 검색)

179 충무공 이순신(李舜臣)과 한글 동명이면서 한자가 다른 이순신(李純信)(1554~1611)은 어릴 때부터 유업(儒業)보다 기사(騎射)에 흥미를 느껴 25세 때인 1578년(선조 11) 무과알성시(武科謁聖試)에서 을과(乙科)에 급제하였다. 왕이 친전하는 활쏘기 경연에서 우수한 성적으로 북방에 나가는 것을 면제받기도 하였다. 이후 두 차례 선전관청선전관을 지내고, 이어 비변사낭청으로 뽑혀 강진현감으로 3년을 지내고, 1586년(선조 19) 온성도호부(穩城都護府) 판관(判官)을 지냈다. 처음에는 별로 알려지지 않았으나 김성일(金誠一)이 그의 능력을 알고 적극 추천한 것이다. 1591년(선조 24) 일본 통신사 일행의 보고에 따라 남해안 방어책이 강화되면서 방답진첨절제사가 되었다. 이해에 전라좌수사로 부

역사적 영웅에 대한 고른 관심과 존경이 필요하다고 본다.

일곱째, 진중놀이에 있어서, 임무완수와 직접 연계된 프로그램을

임한 충무공 이순신(李舜臣)의 막하에서 성지(城池) 수리와 무기 보충에 노력하고 전선 제작에도 자문하였다. 1592년(선조 25) 임진왜란이 일어나자 전라좌도수군절도사(全羅左道水軍節度使) 이순신의 중위장(中衛將)으로 옥포와 고성 해전에 참전하여 세 번 싸워 모두 승리하였다. 그 뒤로 전부장(前部將)으로서 선봉이 되어 당항포(唐項浦) 싸움에서 왜선(倭船)을 크게 무찔렀다. 이어 전라우수사 이억기의 전부장(前部將)으로 참전하여 한산도(閑山島) 해전과 부산포 해전에서 큰 공을 세웠다. 부산포 해전 이후 1593년(선조 26) 해전의 소강상태가 진행될 즈음 충무공 이순신은 장계를 올려 이순신만 싸운 공은 있어도 싸운 상은 없다고 주장하여 절충장군에 제수되었다. 정유재란 때 원균(元均)이 칠천량(漆川梁)과 고성에서 대패하고 충무공 이순신이 다시 수군통제사가 되자 경상우수사가 되었다. 왜란 중에 전라도병마절도사 등의 관직을 거쳐 충청도수군절도사로서 장문포(長門浦) 해전에 참전하였고, 경상우도수군절도사로서 왜교성(倭橋城) 전투에 참전하여 큰 전과를 올렸다. 1598년(선조 31) 경상우도수군절도사로서 노량(露梁) 해전에 참전하였을 때, 충무공 이순신이 적의 총탄에 맞아 전사하자 전군을 지휘하여 전쟁을 승리로 이끌었다. 1604년(선조 37) 벼슬이 첨지중추부사(僉知中樞府事)에 올랐고, 임진왜란 때 활약한 공으로 효충장의선무공신(效忠杖義宣武功臣) 3등에 책록되었으며 완산군(完山君)에 봉해지고 자헌대부(資憲大夫)로 승급되었다. 1606년(선조 39) 다시 수원부사를 거쳤고, 이듬해 완천군(完川君)에 개봉(改封)되었다. 임해군 옥사에 연루되었다가 무죄로 풀려나기도 하였다. 1610년(광해군 2) 9월 전라도병마절도사로 근무하다가 이듬해 9월 별세하니 향년 58세였다. (디지털광명문화대전, http://gwangmyeong.grandculture.net/Contents?local=gwangmyeong&dataType=01&contents_id=GC03100515, 2015.6.26. 검색)

많이 개발해야 한다. 충무공의 경우 당신이 진중에서 했었던 놀이를 사료를 통해 확인해 보면, 활쏘기, 바둑, 장기, 침렵치, 종정도 등 모두 전쟁이나 국가체제의 운영과 직간접적으로 관련을 갖고 있다.

오늘날 우리 병영 내에서 심신의 단련을 위해 많은 놀이를 개발하고 있는데, 각군 사관학교에서의 국궁(國弓), 국방대학교에서의 국선도(國仙道) 등은 역사성도 있으면서, 군의 정체성유지에 매우 바람직하다고 본다. 하지만 무분별한 골프는 재고되어야 한다고 본다.

하다못해 목표물로 '그림 호랑이'를 붙여놓고 한다든지 하는 이른바 '항재전장의식'을 놀이문화에서도 망각해서는 안된다고 본다.

끝으로, 해외파병시 분야별 전문가를 (사전 또는 동시에) 파견하여, 그 전쟁과 우리나라와의 관계 등에 대해 체계적인 연구를 할 수 있도록 해야 할 것이다. 왜냐하면 전쟁은 군인들만이 하는 전투(combat)만을 의미하지 않기 때문이다. 특히 심리학, 군대사회학, 문화인류학, 국제관계학(갈등조정), 전쟁윤리, 주재국의 어학 및 문화 전공자 등의 분야가 필요할 것으로 본다.

결론적으로 본 연구는 전사에 있어서의 리더십 분석에 적합한 방법론적인 시안으로써 3경 · 3위의 모델을 제시하였으며, 이 모델을 역사상 가장 표본적인 리더십을 발휘했다고 하는 충무공 이순신, 칭기스칸, 그리고 나폴레옹에 적용하여 분석해 보았다. 이를 토대로 현재 우리 군의 전사 및 리더십 연구뿐만 아니라 병영관리 측면에서 시사하는 몇 가지의 교훈을 도출해 낼 수 있었다.

[부록 1]
칭기스칸의 대(大)자사크(Yeke Jasag)

1. 간통한 자는 사형에 처한다.
2. 수간을 한 자는 사형에 처한다.
3. 거짓말을 한 자, 다른 사람의 행동을 몰래 훔쳐본 자, 마술을 부리는 자, 남의 싸움에 개입해 한쪽을 편드는 자는 사형에 처한다.
4. 물과 재에 오줌을 눈 자는 사형에 처한다.
5. 물건을 사고 세 번 갚지 않거나 세 번 무르는 자는 사형에 처한다.
6. 구금자의 허락 없이 피구금자에게 음식물이나 의복을 준 자는 사형에 처한다.
7. 노예나 죄인을 발견하고도 주인에게 돌려주지 않는 자는 사형에 처한다.
8. 짐승을 잡을 때에는 먼저 사지(四肢)를 묶고 배를 가르며 짐승이 고통스럽지 않게 죽도록 심장을 단단히 죄어야 한다. 이슬람교도처럼 짐승을 함부로 도살하는 자는 그같이 도살당할 것이다.
9. 전투 중 앞 사람이 무기를 놓쳤을 때에는 뒤따르던 사람이 반드시 주워서 주인에게 돌려주어야 한다. 만일 그 무기를 반환하지 않고 가질 때에는 사형에 처한다.
10. 알레 베크와 아부 탈레브의 자손에게 세세손손 조세와 부역을

면제한다. 그밖에 승려, 사법관, 의사, 학자에게 조세를 받거나 부역을 시켜서는 안 된다.

11. 모든 종교를 차별없이 존중해야 한다.
12. 음식을 제공하는 사람은 먼저 그 음식에 독이 없는지 먹어 보인 다음에 다른 사람에게 권할 수 있다. 음식을 얻어먹는 사람 역시 음식에 독이 있는가 알아보지 않고 먹어서는 안 된다.
그리고 음식을 동료보다 더 많이 먹어서도 안 되고, 음식상을 넘어가서도 안 된다.
13. 음식을 먹고 있는 사람의 옆을 지나가는 손님은 말에서 내려 주인의 허락을 받지 않고도 그 음식물을 먹을 수 있다.
주인은 그것을 거부해서는 안 된다.
14. 물에 직접 손을 담가서는 안 된다. 물을 쓸 때에는 반드시 그릇에 담아야 한다.
15. 옷이 완전히 너덜너덜해지기 전에 빨래를 해서는 안 된다.
16. 만물은 모두 청정하다. 부정한 것은 없으므로 정과 부정을 구분해서는 안 된다.
17. 다른 사람에 대해 좋고 나쁨을 말하지 말고, 호언장담하지 말라.
그리고 누구든 경칭을 쓰지 말고 이름을 불러라. 천호장이나 칸을 부를 때에도 마찬가지다.
18. 전쟁에 나설 때 장수는 부하들의 군장을 바늘과 실에 이르기까지 철저히 검사해야 한다.

19. 종군하는 부녀자는 남편이 싸움에서 물러났을 때에는 남편을 대신하여 의무를 다해야 한다.
20. 전쟁이 끝나 개선하면 병사들은 소속 천호장을 위해 책무를 다해야 한다.
21. 모든 부족민들은 매년 초에 모든 딸을 술탄에게 내놓아야 한다. 술탄은 그중에서 자신의 아내와 자식의 처를 고를 수 있다.
22. 천호장, 백호장, 십호장은 각각 부족민을 지휘할 수 있다.
27. 전투에 태만한 병사와 사냥 중 짐승을 놓친 자는 태형 내지 사형에 처한다.
28. 사람을 죽인 사람도 몸값을 내면 죄를 면제한다. 이슬람교도를 죽이면 40발리쉬를 내야 하고, 한족을 죽이면 당나귀 한 마리만 내도 죄를 면제해야 한다.
29. 말을 훔친 자는 한 마리당 아홉 마리를 변상해야 한다. 변상할 말이 없으면 아들을 내주어야 한다. 아들도 없으면 양처럼 본인이 도살될 것이다.
30. 절도, 거짓말, 간통을 금한다. 이웃을 자신처럼 사랑해야 한다.
31. 서로 사랑하라. 간통하지 말라. 도둑질하지 말라. 위증하지 말라. 모반하지 말라. 노인과 가난한 사람을 돌봐주어라. 이 명령을 지키지 않으면 사형에 처한다.
32. 음식을 먹고 질식한 사람은 겔 밖으로 끌어내 바로 죽여야 한다. 그리고 사령관의 군영(軍營) 문턱을 함부로 넘어온 자는 사형으

로 다스린다.

33. 만약 술을 끊을 수 없으면 한 달에 세 번만 마셔라. 그 이상 마시면 처벌하라. 한 달에 두 번 마신다면 참 좋고, 한 번만 마신다면 더 좋다. 안 마신다면 정말 좋겠지만 그런 사람이 어디 있으랴.

34. 첩이 낳은 아들도 똑같이 상속받아야 한다. 연장자는 연소자보다 재산을 많이 받고, 막내는 겔과 가재 도구 일체를 상속받는다.

35. 아버지가 사망하면 아들은 생모(生母)를 제외한 모든 처첩(妻妾)을 임의로 처리할 수 있는데, 결혼해도 좋고 다른 사람에게 시집을 보내도 좋다.

36. 상속자 외의 사람은 죽은 자의 물건을 쓰지 말라.

출처: http://hsme.hihome.com/home/dejakan.htm#; 김종래, 『CEO 칭기스칸』, 삼성경제연구소, 2003: 'Yeke Jasag'는 〈대자사크〉라고 통일하여 표기하였고, 괄호 안의 자료제공자의 해석내용은 삭제하였음. 2003. 12. 6. 검색.

[부록 2]
칭기스칸의 빌리크 (훈요30조)

1. 명분이 있어야 확고하게 지배한다.
2. 〈대자사크〉(Yeke Jasag)를 지키지 않으면 우리나라가 망한다. 그때 가서나 칭기즈칸을 불러도 소용없다.
3. 모든 만호장, 천호장, 백호장은 연초와 연말에 나의 훈시를 들어야 지휘하는 데 지장이 없다. 자기 겔에 들어앉아 내 말을 듣지 않은 자는 물에 빠진 돌처럼, 갈대밭에 떨어진 화살처럼 없어질 것이다.
4. 천호장은 천호를, 만호장은 만호를 다스릴 수 있다.
5. 몸을 깨끗이 하듯 각자의 영지에서 도적을 없애야 한다.
6. 자격이 없는 십호장, 백호장, 천호장은 그 안에서 교체해야 한다.
7. 어른 세 명이 옳다고 하면 옳은 것이고, 그렇지 않으면 틀린 것이다.
8. 윗사람이 말하기 전에 입을 열지 말라. 자신의 의견과 다른 말을 들으면 잘 비교하라.
9. 살이 쪄도 잘 달리고, 적당히 살이 올라도 잘 달리며, 여위어도 잘 달리면 좋은 말이다.
10. 신에게 열심히 기도하여 전쟁에서 명예를 빛내야 한다.

11. 평소에는 입 다문 송아지가 되고, 전쟁터에서는 굶주린 매가 되어야 한다.
12. 진실한 말(言)은 사람을 움직인다. 노닥거리는 말은 힘이 없다.
13. 자신을 알아야 남을 알 수 있다.
14. 남편은 태양처럼 언제나 같이 있을 수 없다. 아내는 남편이 사냥을 가거나 전쟁에 나가도 집안을 잘 꾸리고 깨끗이 해야 한다. 또한 남편을 받들어 험준한 산처럼 우뚝 놓여야 한다.
15. 일을 성사시키려면 세심해야 한다.
16. 사냥을 나가면 짐승을 많이 잡아야 하고, 전쟁에 나가면 사람을 많이 죽여야 한다.
17. 예순 베이는 참 훌륭한 용사이다. 아무리 오래 싸워도 지치지 않고 피로한 줄 모른다. 그래서 그는 모든 병사들이 자기 같은 줄 알고 성을 낸다. 그런 사람은 지휘자가 될 수 없다. 군사를 통솔하려면 병사들과 똑같이 갈증을 느끼고, 똑같이 허기를 느끼며, 똑같이 피곤함을 느낄 줄 알아야 한다.
18. 상인들이 이익을 얻기 위해 물건을 잘 고르고 값을 잘 매기는 것처럼, 자식을 잘 가르치고 훈련시켜야 한다.
19. 내가 죽고 나서 내 자손들이 비단옷을 걸치고, 맛있는 음식과 안주를 먹고, 좋은 말을 타고, 미녀를 품에 안고서도 그것을 갖다 준 이가 그 아버지와 형임을 말하지 않거나 나 칭기즈칸의 위대한 업적을 잊어서는 안 된다.

20. 만약 술을 끊을 수 없으면 한 달에 세 번만 마셔라. 그 이상 마시면 처벌하라. 한 달에 두 번 마신다면 참 좋고, 한 번만 마신다면 더 좋다. 안 마신다면 정말 좋겠지만 그런 사람이 어디 있으랴.

21. 오, 신이시여, 저는 암바가이칸을 무참하게 살해한 금나라에 복수해야 합니다. 그들의 피를 보려 하니 저에게 힘을 주소서. 신이시여, 모든 사람들과 정령들, 요정들, 천사들에게 명령하여 저에게 힘을 내리도록 해주소서.

22. 내 병사들은 밀림처럼 떠오르고, 그들의 처와 딸들은 붉은 꽃잎처럼 빛나야 한다. 내가 무엇을 하든 그 모든 목적은 바로 그들의 입에 달콤한 설탕과 맛있는 음식을 물 게 하고, 가슴과 어깨에 비단옷을 늘어뜨리며, 좋은 말을 타게 하고, 그 말에게 맑은 물과 싱싱한 풀을 마음껏 뜯도록 하며, 그들이 지나가는 길에 그루터기 하나 없이 깨끗이 청소하고 그들의 겔에 근심과 고뇌의 씨앗이 들어가지 못하도록 막는 것이다.

23. 〈대자사크〉를 어기면 먼저 말로 훈계하라. 그래도 세 번 어기면 멀리 발주나 계곡으로 보내 반성하게 하라. 그래도 고치지 않으면 쇠사슬로 묶어 감옥에 보내라. 그러고 나서 반성하면 다행이나 그렇지 않으면 친족을 모아 처리를 논의하라.

24. 내 명령을 받으면 한밤중이라도 지체 없이 말을 달려야 한다.

25. 오논강과 케룰렌강 사이의 발주나 계곡에서 태어난 사람은 남자라면 씩씩하게 자랄 것이며, 여자라면 꾸미지 않아도 예쁠 것이다.

26. 무칼리는 칭기즈칸에게 보냈던 사신이 돌아오자 뭐라고 하더냐고 물었다. 사신은 칭기즈칸이 엄지손가락을 구부렸다고 대답했다. 그러자 무칼리는 내가 죽음으로써 대칸을 모신 게 헛되지 않았구나 하고 말했다. 그러면서 또 누구한테 엄지손가락을 구부리더냐고 물으니 사신은 너커르들의 이름을 대었다. 그러자 무칼리는 그들은 나의 앞뒤에서 용감하게 싸웠으니 마땅하다고 말했다더라.

27. 발라 할라자가 묻기를, 짐에게 무슨 능력이 있어 대칸이 되었느냐고 했다. 나는 칸이 되기 훨씬 오래 전에 적병 여섯 명을 혼자서 대적한 적이 있다. 그놈들이 내게 화살을 비 오듯이 퍼부었지만 나는 한 대도 맞지 않고 놈들을 모두 무찔렀다. 그리고 상처 하나 없이 그들이 탔던 말 여섯 마리를 몰고 돌아왔다.

28. 나는 산꼭대기에서 매복병 20명을 만나 싸운 적이 있다. 그때 나는 뺨에 화살 한 대를 맞았다. 그런데 젤메가 입으로 내 뺨의 독을 빨아내고, 물을 데워 상처를 씻어주고, 적진에서 마유주를 구해다가 마른 입을 축여주어 겨우 살아났다. 그러고 나서 내가 적을 공격하자 그들은 산꼭대기로 기어 올라가 몸을 던져 죽었다.

29. 어느 날 자고 일어나 거울을 보니 새치가 눈에 띄었다. 누가 어떻게 된 일이냐고 물었다. 그래서 나는 "전능하신 신이 성공의 깃발을 높이 올리려 하심이다. 그래서 윗사람의 표시인 회색의 상징을 내게 주셨도다"하고 말했다.

30. 쾌락이란 배신자와 적을 모두 죽이고, 그들의 재산을 약탈하며, 그들의 종과 백성들을 소리 높여 울게해 그 얼굴은 눈물과 콧물로 얼룩지게 하고, 그의 말을 타며, 그들의 처첩과 딸의 배꼽을 침대나 이부자리로 삼아 깔고 누워, 그 붉은 입술을 빠는 데 있다.

출처: http://hsme.hihome.com/home/dejakan.htm#; 김종래, 『CEO 칭기스칸』, 삼성경제연구소, 2003: 'Yeke Jasag'는 〈대자사크〉라고 통일하여 표기하였고, 괄호 안의 자료제공자의 해석내용은 삭제하였음. 2003. 12. 6. 검색.

[부록 3]
나폴레옹의 금언

1. 국경선(Frontiers): 국가간의 경계선은 큰 강이나 산맥, 또는 사막으로 이루어진다. 군대의 진군을 가로막는 이러한 모든 장애물들 중에서 가장 극복하기 어려운 것은 사막이고, 그 다음은 산맥이며, 그리고 세 번째는 강이다.
2. 전쟁계획(plan of campaign): 전쟁계획을 수립함에 있어서 적의 모든 행동을 예측하고 대책을 강구하는 것은 필수적이다. 전쟁계획은 주변 상황과 지휘관의 재능, 부대의 성격, 그리고 작전지역 특성에 따라 언제나 수정될 수 있어야 한다.
3. 부대의 양익(flanks)
4. 부대의 집결(junction of forces)
5. 명확한 전쟁목표와 난관에 대한 대비(forces to be proportioned to difficulties): 모든 전쟁은 하나의 명확한 목표를 가져야하기 때문에 확고한 원칙과 전술적 법칙에 의해 수행되어야 한다.
   또한 전쟁은 모든 장애를 극복할 수 있는 규모의 군대에 의해 치러져야 한다.
6. 후퇴의 위험(dangers of retreat)
7. 유리한 진지 위치(favourable positions)

8. 불리한 진지 위치(unfavourable positions)
9. 부대의 전투력과 기동속도(strength of an army): 부대의 전투력은 역학적인 힘과 같아서 그 속도와 부대의 크기를 곱한 것으로 나타난다. 빠른 진군 속도는 부대의 사기를 배가시키며, 모든 승리의 기회를 증대시킨다.
10. 열세한 전투력의 만회(inferior army)
11. 통신수단(line of communications)
12. 작전선(line of operations)
13. 부대간 거리(distance between corps)
14. 산악전(mountain warfare)
15. 모험정신과 용기(enterprise and bravery): 전투를 하는 지휘관은 무엇보다도 부대의 영광과 명예를 우선적으로 고려해야 한다. 부하의 안전과 보호는 그 다음 문제일 뿐이다. 후자는 전자로부터 초래되는 빛나는 무공과 용기 속에 거의 포함되어 있는 것이다. 후퇴를 할 경우에는 부대의 명예를 제외하더라도 두 번의 전투에서 입는 것과 비슷한 손실을 입게 된다. 그러나 용기 있는 자들이 그들의 군기와 함께 발견되는 한 후퇴한다고 해서 결코 실망할 필요가 없다. 이러한 방법으로 우리는 승리를 얻게 되며, 승리를 얻는 것은 가치있는 것이다.
16. 정면공격(frontal attack): 아군이 그렇게 하기를 적군이 바라고 있는 일은 절대로 해서는 안된다. 이유는 단 한 가지, 적이 그것을

노리고 있기 때문이다. 그러므로 적이 사전에 연구하고 정찰한 전투지역은 반드시 피해야 하며, 적이 요새화하고 참호를 구축해 놓은 곳에서는 두 배 이상의 신중을 기해야 한다. 이 원칙으로부터 이끌어낼 수 있는 한 가지 결론은, 방향을 우회함으로써 얻을 수 있는 적 진지는 절대로 정면 공격하지 말라는 것이다.

17. 참호구축(entrenching)
18. 적의 우유부단함 이용(profiting by enemy's indecision): 보통의 재능을 지닌 지휘관은 불리한 지형에 처하거나 우세한 적에게 기습을 받았을 경우, 철수를 통해 부대의 안전을 도모하게 된다. 그러나 뛰어난 지휘관은 용기로써 모든 악조건을 극복하고 적을 공격하기 위해 과감히 전진한다. 이러한 방법으로 그는 적을 당황케 하며, 적이 아군의 기동에 대해 우유부단함을 보일 때 이러한 약점을 이용할 줄 아는 능수능란한 지휘관이라면 승리를 기대할 수도 있을 것이다. 또한 적어도 낮에는 기동하고, 밤에는 스스로 참호를 구축하거나 더 나은 진지로 철수해야 한다.
    이처럼 결정적인 행동을 통해 그는 모든 군사적 우월성의 최고 본질인 부대의 명예를 유지할 수 있게 된다.
19. 수세로부터 공세로의 전환(transition from defensive to offensive)
20. 작전선 변경(changing the line of operation)
21. 이동 중 호송대책(marching with convoys)
22. 진지내 부대배치(encamping in position)

23. 포위된 진지(position surrounded)

24. 숙영지 편성(cantonments)

25. 측면공격(flanking attack)

26. 통신두절된 부대(corps without communication)

27. 퇴각중인 부대의 재집결(junction of retreating columns)

28. 야간전투력 분산의 위험(detaching part of force at night)

29. 전투력 집중(fight with the maximum force): 전투를 결심했다면, 먼저 전 전투력을 집결시켜라. 아무 것도 분산시키지 말라. 단 하나의 대대가 때때로 그 날의 승패를 결정짓는다.

30. 부대측면이 노출된 기동(flank march)

31. 적의 반격기회 박탈(leave nothing to chance)

32. 전위부대의 구성(composition of advanced guard)

33. 협곡 통과(entering a defile)

34. 부대간 간격(interval between corps)

35. 진지간 상호지원(encampments mutually defensive)

36. 도하작전(1)(forcing a river)(1)

37. 도하작전(2)(forcing a river)(2)

38. 도하부대 저지(defending passage of a river)

39. 교두보 확보(T'êtes de Pont): 1645년 전역기간에 튀렌은 필립스부르크 전방에서 매우 강력한 적의 공격을 받았다. 그러나 이곳에는 라인 강을 건너는 다리가 없었기 때문에, 그는 강과 자신의

진지 사이에 있는 공간의 이점을 이용했다. 이것은 진지뿐만 아니라 교두보까지 구축했다는 점에서 공병장교들에게 교훈이 되고 있다. 아군의 진지에 적이 도달하기 전에 부대가 준비하고 재편할 수 있도록 진지와 강 사이에는 상당한 공간이 남아 있어야 안전하다. (하략)

40. 요새(fortress)

41. 포위작전의 성공비결(ensuring success of siege): 포위전에서 공공을 거두기 위해서는 오직 두 가지 방법밖에 없다. 첫째, 공간방어를 위해 투입된 적군을 외곽으로 격퇴하고 나머지 적들도 산맥이나 대규모 강과 같은 자연장애물 밖으로 몰아내야 한다. 이 목적을 달성하기 위해서는 포위부대인 아군 참호진지가 완성되어 자리 잡을 때까지 감시부대를 자연장애물 후사면에 배치해야 한다. 둘째, 구원군이 있음에도 불구하고 전투의 위험없이 지역을 장악하기를 원한다면 작전기간 동안 소요될 탄약 및 식량 등과 함께 포위작전에 필요한 모든 장비와 보급품들을 처음부터 구비해야 한다. (하략)

42. 포위참호선(lines of circumvallation)

43. 야전축성(field fortification)

44. 기습에 대한 대비(protection against a surprise)

45. 요새 방어작전(defense of a fortress)

46. 명예로운 항복(1)(honourable capitulation)(1): 요새전의 핵심은

어쩔 수 없이 패배하게 된 수비대의 철수에 상당한 가치를 부여하는데 있다. 이런 원칙에서 볼 때, 적의 공격에 용감하게 저항했던 수비대에게는 항상 명예로운 조건부 투항기회를 주는 것이 현명한 태도이다.

47. 병과간 상호지원 및 협동(mutual support of all arms)
48. 보병 전투대형(infantry formation)
49. 기병의 보호(protection of cavalry)
50. 기병의 돌격(cavalry charges)
51. 기병의 추격(cavalry pursuit)
52. 기마포병(horse artillery)
53. 포병탄약 보급(complement of ammunition)
54. 포병의 위치(position of artillery)
55. 야전에서의 보급(supplies on the march)
56. 훈련시 애국심 고취(patriotism an effective aid to training): 훌륭한 지휘관, 잘 조직된 체제, 양호한 교육, 그리고 효율적인 제도에 의한 강한 훈련 등은 싸우고자 하는 명분과 관계없이 훌륭한 군대를 만드는 요소이다. 동시에 애국심과 열정적인 정신력, 그리고 조국에 대한 명예심 등은 젊은 병사들에게 유리하게 작용한다.
57. 군대의 조직(organization)
58. 군인의 제1자격요건(first qualification of a soldier): 군인의 첫 번째 자격조건은 극심한 피로와 궁핍한 여건에서도 견딜 수 있는

인내심이다. 용기는 그 다음 요소일 뿐이다. 고난과 궁핍, 그리고 결핍이야말로 군인들에게는 최고의 학교인 것이다.

59. 군인의 휴대장비(contents of a knapsack)

60. 군인의 소속감 고취(attaching the soldier to his colours): 병사들이 자신의 부대에 애착을 가질 수 있도록 모든 조치를 취해야 한다. 그 중에서도 노병에게 깊은 배려와 존경을 보여주는 것이 가장 중요한 요소이다. 마찬가지로 군인의 보수는 복무기간과 비례하여 책정되어야 한다. 노병에게 신병보다 더 나은 대접을 해주지 않는 것이야말로 불공정의 극치이다.

61. 전장에서의 연설(speeches on the battlefield): 병사들이 용감하게 싸워야 하는 전투 순간에 하는 연설은 주목받지 못한다. 노병들은 거의 듣지 않고 신병들은 첫 총성이 울리는 순간 그 내용을 잊어버리고 만다. 담화나 열변이 효과를 거두는 것은 전역기간 동안, 즉 편견을 시정해주거나 잘못된 보고를 정정해 주는 경우, 또는 진지 내의 사기를 유지해주고 야영을 위한 물자 보급과 오락을 제공하는 경우이다. 이런 이유로 인쇄된 형태의 일일명령이 효과적이다.

62. 야영(bivouacking)

63. 포로로부터의 정보획득(information from prisoners): 포로들에게서 얻은 정보는 신중하게 검토한 후 실제 가치를 평가해야 한다. 병사는 자기가 속한 중대급 이상의 문제는 거의 알지 못하며, 장

교 역시 자기 연대가 속한 사단의 위치와 기동에 관한 것 외에는 거의 정보를 갖고 있지 않다. 따라서 적 군단의 위치나 적진지에 관한 포로의 진술이 아군 전위부대의 보고와 일치하지 않는다면, 지휘관은 절대 포로에게서 얻은 정보에 의존해서는 안 된다.

64. 지휘권 통일(undivided command)

65. 작전회의(councils of war): 일정하게 열리는 긴 토의나 작전회의는 언제나 같은 결과를 초래한다. 즉 전쟁에서 가장 소심한 최악의 수단이나 가장 신중한 방법을 선택하는 것으로 끝나게 마련이다. 결단력 있는 용기야말로 지휘관에게 진정으로 필요한 유일한 지혜이다.

66. 고급지휘관의 판단(general's judgement)

67. 필사즉생(death or victory): 요새의 수비대에 소속되어 있지 않고 다른 상황에 놓여 있을 때, 특정한 조건을 전제로 장군이나 장교들에게 항복 여부에 관한 권한을 부여하는 것은 위험을 초래하는 일이다. 비겁한 자, 나약한 자, 심지어는 잘못된 용기를 가진 자들에게 군의 문호를 개방하는 것은 한 국가 내에서 모든 군사적 기풍을 말살하는 결과를 낳는다. 커다란 위험은 특별한 해결책을 필요로 한다. 부대가 완강하게 저항할수록 성공의 기회는 많아진다. 불가능한 것처럼 보였던 얼마나 많은 일들이 필사즉생의 정신을 가진 사람들에 의해 성취되어 왔는가?

68. 불명예스러운 항복(dishonourable capitulation)

69. 명예로운 항복(2)(honourable capitulation)(2): 전쟁포로가 되어서도 명예를 더럽히지 않을 유일한 방법이 있다. 혼자 포로가 되거나, 완전히 고립되건, 더 이상 무기를 사용할 수 없을 때이다. 이 경우 명예가 아무 것도 줄 수 없기 때문에 아무런 조건도 없으므로 우리는 어쩔 수 없는 불가피성 때문에 지는 것이다.

70. 점령지에서의 지휘관의 행동(conduct of general in conquered country): 점령지에서 지휘관의 행위는 난관으로 가득 차 있다. 만일 모질게 대하면 사람들을 자극하게 되어 적대자들의 숫자가 늘어나게 된다. 반대로 관대하게 대하면, 전쟁으로 인해 어떨 수 없는 문제점이나 고통도 참을 수 없도록 만들게 된다.
승리한 지휘관은 만일 소요를 진정시키고 사전에 예방하기를 원한다면 엄격함과 공정함 그리고 온화함을 골고루 구사할 줄 알아야 한다.

71. 반역자(traitors)

72. 상관에 대한 복종과 개인적인 판단의 대립(obedience versus private judgement): 지휘관에게는 군주와 관계장관의 비호를 받아 자신의 실책을 변명할 권리가 없다. 왜냐하면 그들은 모두 작전 현장에서 멀리 떨어져 있을 뿐만 아니라 결과적으로 실제 상황을 잘 모르거나 거의 무지한 상태에 있기 때문이다. 그러므로 문제가 있다고 판단한 계획을 그대로 실행에 옮기는 모든 지

휘관은 그에 따른 책임을 져야만 한다. 계획을 수정해야 할 이유들을 보고하고, 잘못된 계획을 그대로 실천에 옮김으로써 군대를 망치는 꼭두각시가 되느니 차라리 사임해버리는 것이 도리일 것이다. 패배할 것을 확신하면서도 상관의 명령이라는 이유만으로 전투에 임하는 지휘관 역시 똑같이 비난받아 마땅하다. 바로 앞에 언급된 무조건적 복종이란 오직 작전 당시 현장에 있는 상관에 의해 내려진 부대 지휘에 한한 것이기 때문이다. 만약 실상을 파악하고 있다면 상관은 자기의 명령을 수행할 사람에게 알고 있는 범위 내에서 필요한 설명을 해주어야 한다. 그러나 만일 지휘관이 군주로부터 적에게 져도 좋으니 나가 싸우라고 하는 단호한 명령을 받았다면, 그는 여기에 복종해야하는가? 아니다. 만일 지휘관이 그러한 명령의 의미나 필요성을 이해하고 있다면 명령대로 따라야 하겠지만, 그렇지 못하다면 그것을 거부해야 한다.

73. 건전한 판단(sound judgement): 지휘관의 첫 번째 자격요건은 냉정한 두뇌, 즉 사건과 사물을 있는 그대로 정확하게 평가할 수 있는 머리이다. 그는 좋은 조식에 우쭐대지 말아야 하며, 나쁜 소식에 의기소침해서도 안된다. 그날 하루 동안 동시에 또는 연속적으로 받은 다양한 인상들은 마음 속에서 있어야 할 제 위치에 자리 잡을 수 있도록 정확하게 분류될 수 있도록 해야 한다. 그런 다음에 추리하고 판단하는 작업은 다양한 인상들을 중요성

에 따라 비교하고 고찰하는 데 의존해야 한다. 어떤 사람들은 매사를 판단할 때 고도로 채색된 매개들을 통해, 즉 자기만의 독특한 시각을 통해 사물을 바라볼 정도로 정신적, 육체적으로 특이하게 형성된 경우가 있다. 그들은 모든 사소한 경우에도 일일이 신경을 쓰고 지나치게 관심을 쏟는다. 그러나 그런 사람들이 가진 지식이나 재능, 또는 용기와 기타 장점들이 무엇이든 간에, 이런 특성은 군 지휘나 대규모 군사작전 지도에는 적합하지 않다.

74. 참모장(chief of the staff)

75. 포병지휘관(commander of artillery)

76. 전초대장의 임무(duties of officer in command of advanced posts)

77. 위대한 장군들의 지휘원칙(leading principles of famous generals): 최고 지휘관은 자신의 경험과 재능에 의해 좌우된다. 공병 또는 포병장교의 전술과 자기발전, 임무 그리고 기타사항에 관한 지식들은 교범을 통해 학습될 수 있지만, 전략지식은 오직 자신의 경험과 과거 위대한 장군들의 전역을 연구함으로써만 습득될 수 있는 것이다. 알렉산더(BC356~323), 한니발(BC247~183), 그리고 카이사르와 마찬가지로 구스타부스 아돌푸스, 튀렌, 그리고 프레드리히 대왕 등은 모두 동일한 원칙 아래 움직였다. 부대의 단결유지, 취약부분 엄호, 주요지점에 대한 신속한 장악 등이 바로 그런 것들이다. 이러한 원칙들이야말로 승리를 이끌어내고, 아군의 위력에 대한 공포심을 자극하여 단번에 충성심을 유지

하고 복종심을 확보할 수 있는 제 원칙들이다.

78. 유명전사연구(study of famous campaigns): 알렉산더, 한니발, 카이사르, 구스타부스 아돌푸스, 튀렌, 외젠, 그리고 프레드리히 대왕의 전사를 몇 번이고 음미하며 정독하라. (하략)

출처: Bonaparte Napoleon 저, David G. Chandler 편, 원태재 역, 『나폴레옹의 전쟁 금언』, 책세상, 1998.

참고문헌

1. 저서

「국군병영생활규정」

「군인복무규율」

『용재총화』(慵齋叢話)

『이충무공전서』(李忠武公全書)

강영선 외, 『세계철학대사전』, 교육출판공사, 1989.

공군대학, 『지휘통솔』, 공대교본 CSC-1-1, 1996

곽차섭 편, 『미시사란 무엇인가』, 푸른역사, 2000.

교육부, 『도덕과교육과정』, 1997.

국방대학교 안보문제연구소, 『고급리더십』, 안보연구시리즈 제2집 6호, 2001.

국방부군사편찬연구소, 『(북한군사관계사료집) 6.25전쟁 북한군 병사수첩』, 2001.

국방부군사편찬연구소, 『(북한군사관계사료집) 6.25전쟁 북한군 전투명령』, 2001.

국방부군사편찬연구소, 『군사』, 1980년이후 각년도

국방부군사편찬연구소, 『전사』, 1999년이후 각년도

국방부군사편찬연구소, 『6.25전쟁과 채병덕 장군』, 2002.
국방부군사편찬연구소, 『국방편년사』, 2001.
국방부군사편찬연구소, 『러시아의 한반도 군사관계사』, 2002.
국방부군사편찬연구소, 『배호부대유격전사』, 2002.
국방부군사편찬연구소, 『조선후기 국토방위전략』, 2002.
국방부군사편찬연구소, 『태극무공훈장에 빛나는 6.25전쟁영웅』, 2003.
국방부군사편찬연구소, 『한국전쟁사 수정자료집』, 2001.
국방부군사편찬연구소, 『한국전쟁자료총서』, 2002.
국방부군사편찬연구소, 『한미군사관계사』, 2002.
국방부군사편찬연구소, 『한민족역대파병사』, 2002.
국방부전사편찬위원회, 『동국전란사(외란편)』, 1988.
국방부전사편찬위원회, 『무경칠서』, 1987a.
국방부전사편찬위원회, 『무신수지』, 1986.
국방부전사편찬위원회, 『병장설 · 진법』, 1983.
국방부전사편찬위원회, 『해동명장전』, 1987b.
국방일보, "육군가치관 구현에 대한 올바른 이해(상)", 2002. 1. 27.
김종래, 『CEO 칭기스칸』, 삼성경제연구소, 2003.
김충영, 『전쟁영웅들의 이야기: 고대동양편』, 두남, 1997.
杜維運, 권중달 역, 『역사학연구방법론』, 일조각, 1999.
박병기 · 추병완, 『윤리학과 도덕교육1』, 인간사랑, 1999.

박혜일 외, 『이순신의 일기: 친필초본에서 국역본에 이르기까지』, 서울대학교출판부, 1998.
司馬遷, 정범진 외역, 『史記5: 열전 상(손자오기열전)』, 까치, 1995.
소광희, 『시간의 철학적 성찰』, 문예출판사, 2001.
『양건당문집(兩蹇堂文集)』, 낭주인쇄사, 1978.
梁啓超, 『中國歷史硏究法補編』, 商務印書館, 民國22年
육군본부, 『동양고대전략사상』, 1987.
육군본부, 『장교의 도』, 1997.
육군본부, 『지휘관 및 참모업무』(야전교범 101-1), 2003. 4.
육군본부, 『지휘통솔』(야전교범 22-101), 1993.
이선호, 『이순신의 리더십』, 팔복원, 2001.
이순신, 최두환 역, 『난중일기』, 학민사, 1996.
이종인 외, 『군 리더십』, KIDA, 1999.
이홍직, 『새국사사전』, 교학사, 1990.
정세구 외역, 『인격교육과 덕교육』, 배영사, 1995.
정토웅, 『전쟁사 101장면』, 가람기획, 1997.
제갈량, 강무학 역해, 『제갈량심서(諸葛亮心書)』, 가정문고사, 1977.
해군대학, 『지휘통솔』(교육참고교재), 1996.
Alexander, Bevin, 김형배 역, 『위대한 장군들은 어떻게 승리하였는가』, 홍익출판사, 2000.
Dupuy, T. N., 최종호 · 정길현 역, 『패전분석』, 삼우사, 2000.

Keegan, J., 유병진 역, 『세계전쟁사』, 1996.
Kelley, R. E., 장동현 역, 『폴로어십과 리더십』, 고려원, 1994.
Montgomery, Bernard Law, 승영조 역, 『전쟁의 역사Ⅰ·Ⅱ』, 책세상, 1996.
Napoleon, Bonaparte 저, David G. Chandler 편, 원태재 역, 『나폴레옹의 전쟁 금언』, 책세상, 1998.
US NDU ICAF, 국방대학교 역, 『전략적 리더십과 의사결정』, 2000.
von Clausewitz, Karl, 류제승 역, 『전쟁론』, 책세상, 1998.
Wills, Garry, 곽동훈 역, 『시대를 움직인 16인의 리더』, 작가정신, 2000.

2. 한글논문

김용석, "군 조직에서 고급리더십 연구", 국방대학교 안보문제연구소, 『고급리더십』, 안보연구시리즈 제2집 6호, 2001.
김태준, "해전사를 통해 본 고급리더십", 국방대학교 안보문제연구소, 『고급리더십』, 안보연구시리즈 제2집 6호, 2001.
오점록, "리더십, 팔로워십의 특성과 자기 임파워먼트가 군 조직 유효성에 미치는 영향", 경희대학교 대학원 박사학위논문, 1998.
이종학, "현대군사사의 연구방향", 『군사』 제3호, 국방부 전사편찬연구소, 1981.
정토웅, "군사사와 미국의 학계", 전사편찬연구소, 『군사』 제2호,

1981a.

정토웅, "군사사의 개념정립을 위한 연구", 『군사평론』 제211호, 1981b.

정해은, "병자호란기 군공면천인의 무과급제와 신분변화: 『정축정시문무과방목』(1637년)을 중심으로", 『조선시대사학보』9, 조선시대사학회, 1999.

정해은, "조선후기 무과방목에 나타난 급제자의 전력기재양상", 『고문서연구』27, 한국고문서학회, 2005.

제정관, "리더십 이론과 실제적 적용: 고급 리더십을 중심으로", 『고급리더십』, 국방대학교 안보문제연구소 안보연구시리즈 제2집 6호, 2001.

추병완, "도덕교육 이론에 대한 비판적 평가", 한국도덕윤리교육학회, 『도덕윤리과교육』 제7호, 1996.

한명숙, "군 복식의 기호학적 분석: 구한말기의 육군복을 중심으로", 『복식문화연구』3(1), 복식문화학회, 1995.

3. 외국어자료

ASCD(Association for Supervision and Curriculum Development) Panel on Moral Education, *Moral Education in the Life of the School*, Alexandria, VA: Association for Supervision and Curriculum Development, 1988.

Bloch, Marc & Putnam, Peter, trans., *The Historian's Craft*, Alfred A. Knopf, 1953.

Bouthoul, Gaston & Carrère, René, *Le défi de la Guerre: 1740-1974*, PUF, Paris, 1976.

Burns, J. M., *Leadership*, New York: Harper & Row, 1978.

Carr, E. H., *What is History?*, Macmillan, 1961.

Collingwood, R. G., *The Idea of History*, Oxford University Press, 1946.

Croce, Benedetto, *History as the Story of Liberty*, Meridian Books, 1955.

Delbrück, Hans, "History of the Art of War Within the Framework of Political History", *The Dawn of Modern Warfare*, vol. 4, trans., Walter J. Renfroe, Jr., Greenwood Press, 1985.

Elton, G. R., *The Practice of History*, Cambridge University Press, 1967.

Gardner, J. W., *On Leadership*, New York: Free Press, 1990.

Geertz, Clifford, *The Interpretation of Cultures*, New York: Basic Books, 1973.

Gilbert, G. R. & Hyde, A. C., "Followership and the federal worker", *Public Administration Review*, November/ December, 1988, pp.963-964.

Heller, T. & VanTil, J. "Leadership and followership: some summary propositions", *Journal of Applied Behavioral Science*, vol. 18. 1982.

Hersey, P. & Blanchard, K. H., *Management of Organizational Behavior*, 4th ed., Englewood Cliffs, NJ: Prentice-Hall Inc., 1982.

Hollander, E. P. & Offermann, L. "Measures of leadership", *Relational features of organizational leadership and followership*, 1990, pp.83-97.

Huges, R. L., Ginnett, R. C. & Cutphy, G. J., *Leadership*, 2nd ed., Irwin, Ill: R. D. Inc., 1993.

Jessup, J. E. Jr. & Coakley, R. W., eds., *A Guide to the Study and Use of Military History*, Washington D. C., U.S. Government Printing Office, 1979.

Keegan, John, *The Face of Battle*, New York: The Viking Press, 1976.

Kirschenbaum, H., "New Goals for Moral Education", *The Humanist*, Nov/ Dec, 1978, pp.17-19.

Lickona, T., "What is Good Character? And How Can We Develop It in Our Children", unpublished paper presented at Poynter Center Ethics Colloquium, Indiana University, May 1991.

Matloff, M., ed., "American Military History", Rev. ed., *Army Historical Series*, Washington D.C.: U.S. Government Printing Office, 1973.

Millis, W., *Military History*, Washington D.C., American Historical Association Service Center for Teachers, 1961.

Namier, L. B., *Avenues of History*, Hanish Hamilton, 1952.

Pittard, Dana J. H., "Genghis Khan and 13th Century Airland Battle", *Military Review*, July, 1989.

Plumb, J. H., *The Death of the Past*, Macmillan, 1969.

Renier, G. J., *History: Its Purpose and Method*, Allen & Unwin, 1950.

US Army, *Army Leadership* (FM22-100), 1999.

US Army, *Leadership and Command at Senior Levels* (FM22-103), 1987.

von Clausewitz, Karl, *On War*, ed. and trans., Michael Howard and Peter Paret, Princeton University Press, 1984.

4. 인터넷 자료

http://cafe.naver.com/snwrhee/1944

http://cafe.naver.com/lovegwnu/153

http://hsme.hihome.com/home/dejakan.htm#

http://leader-values.com/4es/default.asp.

http://gwangmyeong.grandculture.net/Contents?local=gwangmyeong&dataType=01&contents_id=GC03100515

한국학중앙연구원 한국역대인물 종합정보시스템: http://people.aks.ac.kr/index.aks

찾아보기

통합인격리더십

1판 1쇄 인쇄 2015년 08월 10일
1판 1쇄 발행 2015년 08월 20일
저 자 박균열
발 행 인 이범만
발 행 처 **21세기사** (제406-00015호)
경기도 파주시 산남로 72-16 (10882)
Tel. 031-942-7861 Fax. 031-942-7864
E-mail : 21cbook@naver.com
Home-page : www.21cbook.co.kr
ISBN 978-89-8468-613-7

정가 13,500원